T0001116

PAPÁS DE ALGODÓN,

HIJOS DE CRISTAL

Trixia Valle

PAPÁS DE ALGODÓN, HIJOS DE CRISTAL

La conferencia impartida en *Escuela para Padres* a tu alcance

Urano
Argentina – Chile – Colombia – España
Estados Unidos – México – Perú – Uruguay

Índice

Introducción

Al escribir mi libro número 18, este que estás leyendo, vengo de regreso de una cruzada de varios días de trabajo en una escuela que adoptó nuestro programa completo de #pazefectiva, donde se trabaja con papás, alumnos y maestros para generar una comunidad blindada contra los malestares, el bullying y otras temáticas de preocupación en el tema de valores, crianza, educación y formación de los niños.

O al menos eso tratamos…

Pues, siendo así, en mis 21 años de carrera donde he impactado a más de tres millones de personas mediante conferencias y talleres, jamás me había topado con la actitud altanera, retadora y desacreditadora de los alumnos actuales.

Para situarnos en el tiempo que corre, estoy hablando del 2023, justo en el segundo año escolar de regreso a clases tras concluir la espantosa pandemia que encerró en casa a millones de personas y que desató muchos males e inconvenientes en el mundo.

Siendo un problema complejo y con muchas aristas, la postpandemia (al menos en la parte que a mí me toca vivir), ha sembrado una generación —criada por papás de algodón— de niños y jóvenes de cristal, quienes a la menor provocación te desacreditan, son intolerantes, reclaman, abusan, difaman y viven su vida en base a cinco conceptos sesgados:

- Respeto, pero ¡solo para ellos! «Respétame a mí y a mis opiniones».
- Libertad de hacer y decir lo que quieren, pero violando la libertad de otros al hacer lo mismo, argumendando que «los trataron mal».
- Irreverencia, que quiere decir falta total de validación y respeto hacia las personas que les quieren enseñar algo.
- Testarudez, donde no se encuentra manera de convencerlos, ni con argumentos, razones o pruebas, una vez que se han creado una idea en su cabeza.
- Con una profunda cultura de la cancelación, misma que no perdona errores y, ante el mínimo detalle, ya invalidan a la persona que se ha equivocado, en especial si se trata de un adulto.

Y con todo esto me doy cuenta de lo mucho que los padres han afectado a sus hijos con la *crianza de algodón* que se venía gestando desde varios años atrás, y de cómo esta tomó fuerza también con los argumentos malentendidos (ojo no los descalifico ni digo que estén mal) de Derechos Humanos y los múltiples *blogs* sobre crianza de influencers en pro del ultra respeto a los niños, sin tomar en cuenta que los padres no miden los factores en su totalidad al parcializar los razonamientos, sin conocer las diferentes etapas de la crianza y solo lanzando una visión de *reojo* a situaciones muy simples que se han convertido en **profundas creencias.**

Lidiar hoy con la *generación de cristal* es de los retos más difíciles que tienen los maestros, educadores, formadores, directivos escolares y las personas como yo, que buscamos acercarnos a los niños con un mensaje de respeto, amor y buenas costumbres que los hagan vivir en un ambiente menos hostil y más sano para ellos mismos.

Y sobra decir que también sus padres están batallando con la irreverencia.

Pero, ¿qué quiere decir irreverencia? Una de sus acepciones de acuerdo a la Real Academia Española, es:

• Contrario a la reverencia o respeto debido.

Para nadie es sorpresa escuchar que los jóvenes están incontrolables, terribles, fuera de contexto, apáticos… pero nadie logra explicar por qué.

Tampoco se han medido a profundidad cuáles son las consecuencias sociales, personales, familiares, laborales y mundiales de dichas conductas irreverentes.

Por favor, te pido que no digas más que «los jóvenes siempre han sido rebeldes y latosos», porque, si tú tuvieras que tratar con ellos, como hacen los maestros o las personas que nos dedicamos a dar conferencias, educar o impactar con herramientas como en mi caso con mis libros, te darías cuenta que el problema es mucho mayor al que hay solo en casa, pues ahí, al menos, están en tu control particular y no *te echan montón*.

Preparándome e investigando para la escritura de este libro, me encontré con un dato importante y relevante que quizá no conoces, pero te lo expongo aquí: Actualmente, estamos al final de lo que se llama la Campana de Gauss, que es un sistema que se emplea en estadística y probabilidad y que se trata de una representación gráfica de la distribución normal de un conjunto de datos, los cuales se reparten en valores bajos, medios y altos y crean una plantilla de forma acampanada y simétrica. Aplicándolo al tema de valores y reflexionando en ello, considero que estamos en el punto más bajo de la campana con los antivalores, y podríamos decir que ahora ya vamos de regreso y, que hay muchas cosas que se pueden hacer para mejorar, pues la mayoría ya nos dimos cuenta que socialmente estamos mal y saber esto, hacerlo consciente, abre la posibilidad de dar el primer paso para estar bien y para estar mejor.

Te invito a sumarte al grupo de los nuevos padres que educan con base en la **crianza efectiva,** que es la crianza que en verdad sirve y que puedes conocer más a profundidad en mi libro *Método de 8 valores para la crianza efectiva,* (Urano).

¡Toma acción por el bienestar de tus hijos y por el tuyo propio, porque se derramará en un bienestar global y así, juntos, crearemos un mundo mejor!

¡Comencemos!

1

Amor + culpa = malcriadez

«No existe peor combinación que:
mucho amor con mucha culpa
para malcriar, chiquear, consentir
y malformar a un hijo».

—Trixia Valle

Debemos partir de que todo papá, y toda mamá, quiere lo mejor para sus hijos. No puedo ni imaginar a una persona que tenga un hijo con el propósito de ver cómo se convierte en un talibán profesional o en un asesino en serie. Pensando muy mal, tal vez el 1 % de los padres lo hacen con maldad, y la mayoría de esos mismos padres, en algún punto se arrepienten de su mal actuar y buscan el perdón de sus hijos.

El problema real consiste en que un alto porcentaje de niños vienen al mundo sin el profundo deseo de ser recibidos por sus padres.

Algunos datos importantes:

¿Cuántas madres solteras hay en México 2023? En su último reporte el Instituto Nacional de Estadística y Geografía (INEGI) registró que en México viven 4.18 millones de madres solteras, lo que representa el 11 % del total de la población de mujeres que son mamás.

El Colegio de México en su estudio «Embarazo temprano en México: panorama de estrategias públicas y análisis de la ENA-PEA», dice que México se ha estancado como uno de los países del mundo con mayores cifras de estos embarazos y se calcula que existen 1000 embarazos adolescentes diarios. La pobreza y la falta de acceso de servicio de salud se identifican como los principales culpables. (Fuente: Diario El País, 31/agosto/2022 https://elpais.com/mexico/2022-08-31/1000-embarazos-de-adolescentes-al-dia-mexico-se-estanca-en-uno-de-sus-grandes-retos-demograficos.html?event_log=oklogin).

México es el país de la OCDE con mayor tasa de embarazos adolescentes a nivel global, solo está superado por los países de Centroamérica y el África subsahariana. La tasa de fecundidad de adolescentes se sitúa en un 68 por cada 1000 jóvenes de 15 a 19 años, según la Conapo. Dentro del país las cifras también varían: no es lo mismo Chiapas con 85 que Ciudad de México con 48. Mientras que Alemania tiene tres embarazos por cada 1000 adolescentes. En un marco por regiones, Europa tiene la tasa más baja con 11,6 jóvenes, seguida de América del Norte (15,8), y la situación escala hasta el 60,8 para Latinoamérica y Caribe.

Así, entre embarazos no deseados, madres solteras con toda la responsabilidad de un hijo solas y las alteraciones en las corrientes de crianza respetuosa, positiva, con apego y afectiva, el resultado es lo que vemos hoy en los salones de los colegios, donde un 50 % del tiempo de clase, en promedio, se va en: *«¡Por favor siéntate, deja el celular, pon atención, deja de platicar!»*. Y sobra decir que, para que las personas aprendamos, necesitamos poner atención y tener disciplina.

Los estilos de crianza mencionados anteriormente tienen en sus conceptos puntos muy importantes y fundamentales para la formación sana de los niños, el problema consiste en que, al aplicarlos, en ocasiones generan una forma exagerada para llegar hacia la crianza de algodón. Algunos ejemplos son:

- Crianza respetuosa: nunca contradigas al niño, lo que puede generar el síndrome del «niño emperador».
- Crianza positiva: nunca le digas que no, pues el «no» es poco comprendido, así que al niño le cuesta trabajo comprender los límites.
- Crianza con apego: posponer el desapego natural desde el alumbramiento para evitar traumas, lo que genera inseguridad por no tener las etapas del desarrollo paulatino hacia la independencia.
- Crianza afectiva: validar y dejar que los niños expresen sus sentimientos, puede desatar falta de autocontrol al dejar que sus expresiones deriven en berrinches o estallidos de ira.

Retomo algo que ya mencioné antes: tener un inmenso amor, mezclado con muchísima culpa, es lo que genera **la crianza de algodón.** Y la manera de contrarrestarlo reside en **la crianza efectiva**, que es la que ve al niño en sus diversas etapas y como un todo para irlo formando con disciplina y amor.

¿Por qué un papá o una mamá se sentiría culpable? ¿Culpables de qué? ¿Cómo se siente esa culpa? Les comparto 5 principales razones de esto:

1. Por la inmensa cantidad de divorcios

Casi el 50 % de los papás con hijos están divorciados. Entonces, el tema del divorcio es uno que genera muchísima culpa, pues la separación de una familia genera muchísima tristeza en todas las partes del sistema conformado por los hijos y sus papás.

Según datos del Instituto Nacional de Estadística y Geografía (INEGI), en 2011 por cada 100 matrimonios hubo 16 divorcios; en 2015 esa cifra se elevó a más de 20 divorcios y para 2019 hubo 32 divorcios por cada 100 matrimonios. En 2020, la cifra disminuyó a 28 debido a la pandemia por la Covid-19, pero en 2021 se volvieron a incrementar y ocurrieron 33 divorcios por cada 100 matrimonios y, desafortunadamente, la cifra va en aumento.

«Aunque los datos del Inegi solamente registran las relaciones formales que realizaron un matrimonio y un rompimiento legal, en nuestro país hay muchas parejas que se separan, pero no se divorcian de manera formal, las cuales forman una estadística que no conocemos», advirtió Melissa García Meraz, académica de la Facultad de Psicología de la UNAM.

Por favor no creas que yo te hablo desde mi pedestal #vidaperfecta, pues en la pandemia pasaron muchas cosas que nos cambiaron a todos. A mí también se me movió mi mundo en muchas cosas, entre ellas, que mi esposo decidiera irse a vivir a Monterrey (yo vivo en la Ciudad de México) y créeme que, si tú pasaste por algo así o estás pasando por algo así, yo no te vengo a juzgar ni a decir: «estás bien o estás mal».

Al contrario, yo te quiero acompañar y dar un mensaje de que sí, es verdad, divorciarse genera mucha culpa, pero aún así puedes levantarte de ese lugar de culpa y ponerte en uno de poner límites e ir criando hijos fuertes, porque pueden ser hijos de cristal, pero ¡blindado!

2. Porque nos tocó crecer en el mundo de los ochentas y noventas perfectos y nos da tristeza que a nuestros hijos no les tocó así

Esta fue una epoca que aún no podemos superar, porque era el tiempo del México seguro, donde podías salir a la bicicleta cuando eras chiquito, donde podías jugar con el vecino en la calle, donde ibas al antro y nadie te iba a matar, secuestrar... donde no pasaba nada de estas cosas terribles que hoy suceden.

La percepción de inseguridad de los mexicanos subió a 62.3 % en el segundo trimestre de 2023 en medio de ataques del crimen organizado de alto perfil, informó en septiembre 2023 el Instituto Nacional de Estadística y Geografía (INEGI).

https://www.inegi.org.mx/contenidos/saladeprensa/ boletines/2023/ensu/ensu2023_10.pdf

Ese México de los noventas, era un país con mucha seguridad, y por supuesto que es normal que nos dé tristeza que a nuestros hijos no les haya tocado lo mismo.

Cosas triviales quizá, pero ilustrativas de que seguimos con la añoranza de la época son que se siguen llenando a tope los **«90 Pop tour»** y todos seguimos yendo a bailar estas canciones, a pesar de estar rondando los cuarenta años o más. También, en el minuto en que pusieron en CDMX la obra «Vaselina con Timbiriche» que fue una puesta en escena que vimos cuando teníamos tal vez 8 o 9 años, corrimos a verla... Y ni qué decir de Luis Miguel, (gira 2023), boletos agotados en unas horas y a precios exorbitantes de hasta $ 60,000 pesos ($ 3000 USD aproximadamente).

No obstante, los noventas terminaron ¡hace 23 años!, o sea, no es como que vamos en el 2001 y acaban de pasar; esto fue veintitrés años atrás, pero no lo podemos superar porque tenemos la añoranza de esos años divinos a los que yo llamaría «The golden years» (los años dorados) de México, que fue cuando se inauguró la Autopista del Sol, vivíamos el Acapulco de Luis Miguel y el Baby 'O y todo estaba increíble.

Pero ese México ya se acabó, y en estos momentos es un México muy difícil, muy complicado y nos da tristeza. Por ello, estaría muy bien que todos trabajemos en sembrar valores, comenzando por vivir la honestidad, la humildad y el respeto a los demás… y ya si quieres hacer algo extraordinario, puedes donar a organizaciones que apoyan al tejido social, porque más que pan, hay que enseñar a la gente a bien-vivir porque de ahí deriva todo lo demás.

3. Por las miles de corrientes educativas actuales

Estas corrientes, que no son filosofías, pues las filosofías generan un punto de pensamiento específico basado en una serie de razonamientos hilados y sustentados, mientras que las corrientes toman un pedazo de cada cosa, la sesgan y generan «verdades absolutas» que resultan ser posturas parciales, tendenciosas y, al final, creencias personales.

Así, estas corrientes acerca de la crianza pueden llegar a abrumar y confundir, sobre todo, cuando no se profundiza en ellas mediante un libro o curso completo y solo se toman ideas o *bullets* de dichas corrientes.

Entre las muchísimas tendencias de crianza, sobre todo hay dos que han generado esta generación de *niños de cristal*.

Aclaro que nada tiene que ver con el esoterismo de principios del siglo XXI que habla de niños con almas elevadas; que si los índigo, cristal, arcoíris... no, no es ese punto al que me refiero y que en realidad, conozco poco.

Aquí el término se refiere a niños y jóvenes a los que *no se les puede decir nada* porque se ofenden, cambian todo y, despiadadamente, te destrozan con sus palabras.

La interpretación errónea de la crianza positiva y la crianza afectiva son las dos cosas que más han dañado el concepto de formación infantil y juvenil y, si tú eres muy fan de ellas, está perfecto, si lees a profundidad las corrientes estas están bien, el problema es que se toman o ejecutan como algo así:

Si tu hijo o hija está haciendo un berrinche terrible y a gritos de: «*ay es que no quiero comerme la sopa o el espagueti...*». Entonces se sugiere que te pongas al nivel de los ojos de tu hijo, hincado y le digas: «*A ver mi amor, mira, te voy a explicar, lo que pasa es que no es bueno gritar y debes, por favor, aunque sea un poquito, comer espagueti...*».

Mientras a cada palabra el niño sigue gritando: «*pues no quiero, no quiero...*» Y al verte de rodillas, prácticamente suplicando, con todo lujo de servilismo que se coma el espagueti, inconscientemente toman la posición de poder para ellos.

Hay veces y situaciones específicas, como cuando se lastiman o se les cae el helado, en las que <u>sí tienes que estar a su altura</u> para consolarlos, pero hay otras, en donde tu altura debe ser superior para que sepan que deben obedecer, diciéndoles calmadamente: «*mi amor, esto es lo que hay y los vas a comer, lo siento mucho, pero si no comes eso, no habrá tiempo de televisión*».

Si tú lo resuelves así, <u>con firmeza y sin violencia</u>, el niño o la niña interpretará esto como un nivel de autoridad que debe obedecer. Pero, cuando la instrucción es de extrema condescendencia, el menor no ve la autoridad y no obedece.

Ser firme no tiene NADA que ver con que lo vayas a humillar y le vayas a pegar...

Ser firme es:

1. Dar instrucciones precisas.
2. Tener reglas claras y que se conozcan (puedes pegarlas en el refrigerador: "reglas del refri") y que se cumplan.
3. Tener rutinas de orden saludable.

Estos tres conceptos deben estar presentes en la diaria interacción con tus hijos.

Mientras tanto, te comparto que ser mamá o papá con autoridad es simplemente poner límites y evitar la *crianza de algodón*, que es cuando todo se hace con mucho cuidadito de no decirles feo, de no hacerlos enojar, de tratar de convencerlos de hacer las cosas, y que, cuando el hijo no obedece o no se controla, los papás se desesperan, y en ocasiones, pueden llegar al punto en donde los rebasa el límite o les sacan el tapón, pierden la paciencia y entonces explotan... y es ahí donde puede haber un estallido de violencia con sus hijos.

El caso de «Doña culpas»

«Doña culpas» es una de las muchas mamás que trabajan largas jornadas, llega cansada y tarde a casa casi todos los días.

Sus tres hijos, por lo general, se la pasan toda la tarde jugando, viendo la tele o sus tabletas, hablando con amigos, perdiendo el tiempo y comiendo golosinas. Sin embargo, siempre que llega mamá a casa se le tiran a los pies a llorar que no hicieron la tarea porque era mucha y la maestra les dejó doble trabajo y quien sabe cuánta cosa le inventan para justificar que no hicieron nada cuando ya son las 8 de la noche.

«Doña culpas» empieza a llenarse de culpa y no deja de pensar que cada situación que le plantean sus hijos es por su causa, por no estar con ellos y se llena de remordimientos y de pensamientos malos sobre ella misma, por lo que, además de hacerles la cena, les hace la tarea, les deja ver el partido que acaba hasta las 11:00, comer dulces y tomar refresco…

Ella sabe que cuando se acuestan tarde y comen dulces se ponen «intensos» y groseros y luego no se quieren dormir, pero como tiene tanta culpa los deja hacer todo. De pronto, pasa la hora acordada y sus hijos quieren más, ella los trata de convencer con buenos modos que ya se duerman porque mañana no querrán despertar…

Así comienzan primero sus ruegos, luego sus gritos y finalmente, ya furiosa a punto de explotar, los golpea para que obedezcan. Todos se van llorando a la cama y ella hasta se jala los pelos pensando lo mal que hizo.

Al día siguiente todos se levantan con dolor y ella como se siente culpable al ver los moretones, les promete regalos y paseos para compensar su error. Así pasan muchos días y «Doña culpas» no puede salir del círculo vicioso de la culpa.

Como «Doña culpas», muchas mujeres y muchos hombres experimentan esto y no saben qué hacer para romper el patrón de frustración—maltrato—consentimiento que han creado. Todo se debe a la falta de límites que no se atreven a poner, por sentirse culpables de no hacer lo suficiente por sus hijos, cuando de lo que se trata es de <u>hacer lo posible</u> y sentirse bien con ello, porque son circunstancias y nada es eterno. Todo va a pasar, todo, poco a poco, se va a acomodar. Pero los maltratos, esos sí que duran para siempre.

Por ello, lo mejor en la vida son los límites. Y estos son o no son. Son inamovibles, son conocidos por todos y respetados por todos. Tus «**No negociables**» son esos límites que te hacen bien porque tu casa funciona en paz.

Es por todo esto que, en esa crianza positiva, afectiva, respetusa o con apego, donde todo debe de ser afirmativo y que no está prohibido NADA, se genera el descontrol.

Respeto mucho cualquier punto de vista, pero siento que se ha malinterpretado y por lo mismo se ha aplicado mal y, entonces, los niños toman el poder, comen papas «Chips fuego» (ultrapicantes) y nuggets cada vez que quieren y dejan todo lo nutritivo en el plato, incluso, hay algunos que avientan al suelo o a la pared lo que no les gusta. Ahí el problema es cuando sus padres se vuelven a hincar preocupados para «negociar», mientras sus hijos no dejan de gritar para hacer lo que quieren, cuando NO HAY NADA QUE NEGOCIAR EN QUE SE COMAN LAS VERDURAS, es por su salud y bienestar, es una instrucción, no una concesión o un favor que nos hacen a los papás.

Por otro lado, con este estilo de *crianza de algodón*, sucede que, si un día les pones un límite, pues te has dado cuenta de que te hacen chantajes, su nivel de violencia puede incrementarse para no obedecerte gritando, llorando, pataleando, y tú, con tal de que se calmen, vuelves a ceder.

Otro ejemplo de estas ideas negativas de algodón, está en esos niños tan lindos que llegan peinaditos y perfumados a casa de la abuelita y sus papás los ven como súper-lindos, súper-buena onda, y así… hasta que les piden saludar y empieza el problema…

Hijo/hija: «*Hoy no se me antoja saludar a mi abuelita, o sea, es que no tengo ganas*».

Tú: «*Mamá, perdón, no te va a saludar, es que Romi… este pues ya sabes, hay que tratarla con afecto, con mucho aprecio…*».

Tu mamá: «*¿Y desde cuando saludarme sería un acto terrorista? O sea, ¿por qué? ¿en qué o dónde está el que porque me diga ¡hola abuela! y me dé un beso, es abuso sexual? ¿O le va a pasar una tragedia por saludar? ¿Se le van a caer los dientes?*».

Tú: «*¡Ay ma, ya sabes cómo son ahora los niños!*».

Tu mamá: «*Pues no, no sé… ¿por qué no me explicas?*».

Y por prudencia no te dice nada, pero le dan ganas de decirte que tienes unos hijos groseros y malcriados y que a ver el día de mañana quién los doma o quién los aguanta.

El tema es que se están confundiendo las cosas:

- Es que, como no le gusta saludar, que no salude…
- Es que, como no le gusta el espagueti, que no lo coma…
- Es que, como no le gusta bañarse, que vaya apestoso…
- Es que, como no le gusta no sé qué, pues tampoco que lo haga…

Y entonces esos son los niños de cristal que estamos formando, luego no nos quejemos.

4. Porque nos sentimos culpables de que les haya tocado la pandemia

«Es que pobrecitos, les tocó estar encerrados, no es justo».

Pues sí, no fue justo ni para ellos, ni para ti, ni para mí, ni para nadie… pero son situaciones de la vida que no se pueden controlar, y es donde entra la resiliencia, la paciencia, el aprendizaje y ser como la oruga… aprovechando el tiempo del capullo para renacer.

Sin embargo, para mucha gente esos meses se vivieron con un miedo sostenido, viendo las noticias sin final, muy preocupados, frustrados, enojados con la situación… Y así, cada quien eligió CÓMO vivir la pandemia. Y, para todos, es buen momento para saber cómo funcionan las emociones:

1. La forma en la que interpretas los eventos genera un SENTIMIENTO, es decir, algo que sientes dentro de ti.
2. Si ese sentimiento es algo que te duele/molesta/enoja/entristece… genera una EMOCIÓN (significa energía en movimiento).
3. La emoción conlleva una reacción o ACTITUD, donde se ponen los ojos llorosos, o se cruzan los brazos en señal de enojo o se hace un nudo en la garganta o le gritas a alguien…
4. Si esa emoción-actitud no la dejas salir y la conservas en ti, genera un ESTADO DE ÁNIMO que se queda en ti.
5. Si ese estado de ánimo dura una semana, se queda como parte de tu ACTITUD DE VIDA, por lo que ya «estás así enojado/triste/miedoso/alterado…».

6. Si esa <u>actitud</u> de vida se queda 3 meses se convierte en parte de tu PERSONALIDAD que es por lo que ya te reconocerán los demás: «Manuel es enojón», como si esa persona ya fuera así.

Por ello, la pandemia cambió muchas personalidades, unas para bien y otras no, pero al final TODOS tuvimos un impacto por esta situación jamás pensada y que tanto nos afectó. Si lo piensas, es a la gente que comete un delito a la gente que se le encierra, se le priva de su libertad, y es esa gente la que está en la cárcel. Bueno, pues a nosotros nos hicieron lo mismo, sin haber cometido delito alguno y fue complejo.

Pero el punto es que, para algunos padres les SIGUE dando culpa que sus hijos lo hayan vivido. Entiendo que sí, <u>tienes razón,</u> o sea, fue muy fuerte para todos la pandemia. En mi caso mi hijo más pequeño, tenía 5 años cuando comenzó la pandemia —justo en la etapa de la lectoescritura— y yo, que soy anti tecnología y llevo 20 años diciendo: *«que no se les dé tecnología a los niños antes de los 13 años»*, pues le tuve que comprar el iPad y le tuve que poner la computadora, porque era eso o no aprendía a leer y escribir. ¿Verdad? Entonces, me acuerdo que un día lo vi pegandose en la cabeza y diciendo: *«no entiendo nada, no entiendo»*… Imagínate mi tristeza de verlo así. Y yo sé que muchos pasamos por algo parecido.

Por supuesto que yo estaba súper frustrada por verlo así, y no poderlo ayudar, cansada de decirle *«haz la plana»* y peleándome con él… y todo para que se sentara enfrente de una pantalla y no estuviera aprendiendo nada. ¡No! Esto era demasiado. Tuve que reflexionar y busqué opciones. Vivíamos en Cancún en ese entonces, y una amiga abrió en su rancho una «escuela burbuja», que fueron esas escuelas en casas con una maestra particular para guiar a los niños, sobre todo para los más pequeños de forma presencial y que siguieran el ritmo educativo. ¡Qué bonito fue verlo regresar ilusionado a la escuela! Verlo recuperar la alegría a cada segundo. ¿Por qué fue importante? Porque en ese momento era lo que yo necesitaba, pero en el momento de la decisión te da muchísima culpa y muchísima tristeza.

Así, hubo familias que estuvieron dos años, dos años completitos, encerrados, viéndose unos a otros, peleando por las interrupciones de Google Classroom y Zoom, enojados hasta con el perro porque ladró. Además de las complicadísimas dinámicas familiares, las separaciones, las rutinas no saludables de desayuno a deshoras y medio vestidos con pijama abajo y camisa arriba para el zoom, horarios de dormir alterados, en fin… un tema.

Hay niños (y adultos) que todavía hoy tienen muchísimo miedo de salir de sus casas. Desarrollaron agorafobia —miedo a los lugares abiertos—, y temor a situaciones que podrían provocarles pánico y sensación de estar atrapados, indefensos o avergonzados, y también miedo a situaciones que están ocurriendo o que podrían ocurrir en el futuro. Eso pasó con millones de personas que poco a poco se han ido adaptando para regresar a la vida en movimiento.

Todavía hay algunos niños —que nacieron o fueron bebés en pandemia— a los que les cuesta mucho trabajo llegar y decirte: «¡*hola!*», porque obviamente les afectó mucho estar solamente en su núcleo, en su huevito, en su zona cómoda, y la vida les cambió enormemente al regresar a la rutina cotidiana y poco a poco se están adaptando.

5. Porque creemos que es la forma correcta

Ningún papá o mamá quiere «lo peor» para sus hijos, la inmensa mayoría queremos «lo mejor». Y desde ahí consideran que la crianza de algodón «ultrasobreprotegida y megajustificando cualquier mala acción», es la forma adecuada.

Obviamente todos vamos viendo la vida de acuerdo a nuestra experiencia, todos tomamos decisiones con base en lo vivido, sentido, aprendido y reflexionado. Por ello, estos padres de algodón, si tuvieron maestros injustos o que incluso, llegaron a golpearlos, han hecho un juicio categórico e inamovible de que «los maestros pegan y maltratan», aunque no sea así.

Por lo que, si sus hijos se llegan a equivocar, todo lo justifican y todo niegan, esto, porque han desarrollado un amor ciego con los hijos, donde no pueden distinguir cuándo se trata de «pretextos para evitar su responsabilidad» y cuándo de realidades de cosas que sí les pasan.

Sea cuál sea la razón de la culpa que puede sentir un papá o una mamá y que los lleve hacia una crianza de algodón, el resultado siempre es negativo, pues genera personalidades inseguras, inestables, irresponsables, intolerantes y manipuladoras que hoy se viven como un peligro en las escuelas por la gran cantidad de faltas de respeto al docente, a su labor y sin la mínima intención de honrarlos.

¿En qué afecta esto? Veamos. La primera fuente de estructura en un ser humano es su casa; la segunda, la escuela; y la tercera, la sociedad. Así que, si se debilita la forma de obedecer y de tener la disciplina necesaria para aprender en las dos primeras fuentes de estructura, ¿qué podemos esperar en la tercera? Decía Aristóteles que «*el propósito de la educación es crear buenos ciudadanos*», pues esa primera enseñanza social, es lo que permite a los ciudadanos acotarse a las reglas y seguir la convivencia en paz.

Por todo esto, la crianza de algodón comienza a convertirse en un problema social, de ingobernabilidad y de insana convivencia que puede debilitar, incluso, al país más fuerte. Para ejemplo, lo que sucede en cuanto a inseguridad en los Estados Unidos de Norteamérica con los pueblos de zombis del fentanilo, las matanzas en escuelas y muchos problemas más.

2
Consecuencias de la crianza de algodón

Lo relevante del tema de los «padres de algodón» es el resultado y efecto que tienen en sus hijos, a quienes actualmente se denominan «hijos de cristal» refiriendose a la serie de actitudes de fragilidad, que se toman a partir de estas primeras experiencias de crianza.

Cada niño y cada niña cuando nace, primero tiene el impacto de la «huella de nacimiento», explicada a profundidad en el libro *Método de 8 valores para la crianza efectiva* (Urano, 2022), y que nos dice la importancia de la experiencia intrauterina en la formación de la personalidad.

Posteriormente, desde los primeros días de nacido hasta los 5 años, las experiencias, hábitos, cariño u hostilidad que vivan los niños marcarán para siempre el carácter de forma muy arraigada; y, a partir de los 6 años, comienza a aparecer el discernimiento, las primeras decisiones que se toman y los primeros juicios que se hacen, esto les permite enojarse contra posibles injusticias, manifestar sus gustos e ir tomando, poco a poco, sus primeras elecciones, que se harán más enérgicas conforme pasa el tiempo.

Otro impacto muy significativo en la personalidad de las nuevas generaciones es la gran cantidad de información que viaja en redes sociales, internet, carteleras de anuncios y demás formas de comunicación visual, auditiva y kinestésica que tienen un alcance directo en el subconsciente y que se calcula tiene una influencia en los valores de un mexicano de hasta un 45 % como se muestra en la siguiente gráfica:

Estudio basado en el libro *Los valores de los mexicanos*, Enrique Alduncin, FCE, 1986 y actualizada por encuestas realizadas a más de 10,000 personas por Educación Millennial en 2022.

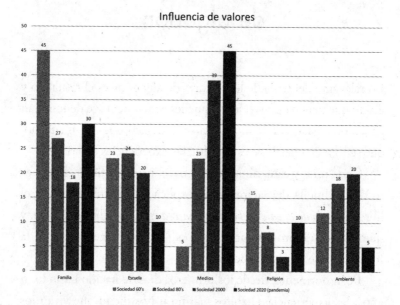

Ante este panorama, ¿cómo formar un criterio con la ola desbordada de información?

Decía Carl Sagan, astrónomo estadounidense, que: «*Saber mucho no es lo mismo que ser inteligente; la inteligencia no es solo información, sino también juicio, la manera en que se recoge y maneja la información*». Y actualmente, lo más deteriorado es lo que hacemos con la información y cómo la procesamos, por lo que, adicional a lo ya mencionado de la crianza de algodón, este impacto mediático también afecta la personalidad.

El ruido de las grandes ciudades y de las grandes distracciones en las noticias, redes sociales, chats, vídeos de Youtube, series, películas, vídeojuegos y demás... nos inhibe de escuchar a nuestra voz interior. Escucharnos a nosotros mismos es parte de la solución y de la recomendación para criar hijos de cristal, **pero BLINDADO,** que puedan enfrentar con valentía y fortaleza las situaciones de la vida. Iremos descubriendo cómo hacerlo a lo largo de este libro.

¿Cuáles son las características de los hijos de cristal?

La combinación papás de algodón + bombardeo de medios de comunicación + no escucharnos a nosotros mismos, genera estos hijos de cristal quienes con la primera cosa que no les gusta o que se les dificulta se pueden romper, literal.

Características de los hijos de cristal:

1. **Consentidos:** están acostumbrados a hacer siempre su voluntad, sin que nadie los corrija o los castigue por sus malas acciones.

2. **Sobreprotegidos:** los padres continúan realizando las actividades que ya pueden realizar los hijos por sí solos, por ejemplo, vestirlos o peinarlos a cierta edad en la que ya pueden hacerlo ellos.

3. **Se les proporciona todo en la vida:** todo se les da sin esfuerzo, sin pedir a cambio buenas calificaciones o un buen comportamiento; los hijos condicionan tener las cosas a cambio de portarse bien, que sobra decir, ES SU OBLIGACIÓN, *«si no me lo compras, lloro o me enojo».*

4. **Indisciplinados:** con total falta de disciplina, que es el conjunto de reglas de comportamiento para mantener

el orden y la subordinación entre los miembros para vivir en familia o sociedad y para mantener el orden entre los miembros de un grupo: *«ya no me gustó el ballet/futbol/tae-kwon-do/etc…»*, entonces dejan a los tres meses la actividad y a la basura todo lo comprado para esta disciplina.

5. **Desobedientes:** con falta de acciones para acatar la voluntad de la persona que manda, o sea, sus papás, o de lo que establecen las normas, el colegio o escuela, o de lo que ordena la ley, tirar basura o robarse algo.

6. **Flojos:** son negligentes y descuidados en hacer lo que se debe o necesita ejecutar; tardados, lentos o pesados en el movimiento para hacer algo: *«no quiero hacer tarea, no quiero salir a jugar, solo quiero ver mi iPad».*

7. **Burlones:** con facilidad se ríen de una persona o de una cosa de manera malintencionada, en especial para ponerla en ridículo, subrayando o exagerando algún aspecto inusual o negativo que la caracteriza, o aprovechándose de la buena fe de alguien: *«mira cómo se cayó… jajaja»*, en lugar de ayudarlo a levantarse.

8. **Irrespetuosos con padres, abuelos y maestros:** donde se manejan sin consideración hacia las figuras de autoridad, por lo que no acatán lo que se les dice o establece, además de poder causarles ofensas o perjuicios: *«abuela, tú no me puedes decir nada, no eres mi mamá»*, *«mamá no me regañes o le digo a mi papá».*

Terrible, ¿no es así? A nadie nos gusta lidiar con niños, niñas o jóvenes así en la vida, y menos cuando los vemos a diario porque son nuestros hijos. Y no es como cuando adoptas a un cachorro lindo, tierno y pequeño… al principio, todo te hace gracia y te irradia amor, pero si no lo educas, a los tres meses ya lo quieres regalar porque se porta fatal y rompe todo. A los hijos malcriados... ¿a quién se los regalas?

Te comparto a continuación un típico ejemplo de un hijo de cristal:

El niño o niña está disque haciendo la tarea, en frente de la tele, con su bowl de palomitas y quejándose (a ver si muerdes el anzuelo): *«ay es que es muchísima, muchísima tarea»*, tú ves que es una plana, pero obvio que si la hacen a paso tortuga, una letra por cada 10 palomitas, pues van a tardar 10 horas.

Entonces, regresas de nuevo a ver cómo va: *«oye ¿y la tarea?»*. Y la respuesta con llantos y lágrimas y berrinches: *«No, es que se me rompe la punta y no encuentro el sacapuntas y además ya me cansé, ¡ahhhhhhhhh!»*.

Aquí, un papá de algodón, le da el sacapuntas que está en un estuche junto a ellos: *«aquí está mi amor...»*, le saca la punta, pero sigue el berrinche: *«es que no puedo...»*.

Un minuto después, la punta se rompe, obvio si lo están haciendo de malas. Y luego otra vez y otra vez... Hasta que el papá de algodón termina haciendo la tarea y el niño de cristal deja de llorar viendo su peli favorita, ahora con un juguito de manzana que le dieron para que se calmara.

Así empieza la crianza de algodón, con los pequeños detalles, con las pequeñas acciones y aceptando que no hagan los esfuerzos que requieren y se niegan a realizar. ¿Ves por qué les digo que parecen cuervitos? Porque solo depredan y en nada ayudan.

Otro ejemplo:

Están viendo tele, tú lejos de ellos, tipo en la cocina y empiezan: «*Maaaaaa, paaaaa, maaaa, paaaaa*», te digo como cuervitos «*aaaaajjjjjjj*», «*ajjjjjjj*», y bueno, llegas corriendo a ver qué le pasa al príncipe o princesa y cuando llegas: «*¡¿qué te pasa, mi amor?!...*». «*Me pasas el control*», ¡que está a un metro!

¡¡¡¡¡Ufffff!!!!!!!!, lo peor es que son casos reales y literales, que incluso a mí me han pasado. Estas actitudes son generacionales y, con su cara de angelitos, hasta te dan risa estas cosas que piden y solo dices: «*te pasas mi amor*» o «*eres tremendo...*». Y la vida sigue tal cual.

Por supuesto que permitimos estas cosas PORQUE LOS AMAMOS con todo el corazón. Sin embargo, **se puede amar y educar al mismo tiempo,** una cosa no cancela a la otra y eso es lo que vamos a aprender en este libro.

3

Manipulación

Las nuevas tecnologías y, sobre todo, las redes sociales han creado una tendencia hacia la inseguridad y el cuestionamiento de las propias acciones. Los niños y jóvenes se encuentran muy vulnerables ante las tendencias de redes, pues lo que quieren es integrarse en ciertas «modas» con tal de pertenecer al medio, aunque sea riesgoso.

Por ello, cuidar las edades adecuadas para el uso de la tecnología es de vital importancia. Se debe tomar en cuenta la maduración del lóbulo frontal que comienza a partir de los 13 años, y esa es la razón del por qué se deben evitar redes sociales que obligan —a un niño en formación— a crear su **identidad digital** sin conocerse realmente, lo que puede derivar en que se le «etiquete» por los demás como alguien que no es.

El «feedback» o retroalimentación que recibimos al publicar no siempre es positiva; estamos dando permiso a los demás para que opinen sobre nuestra propia vida y estas opiniones externas pueden destrozar por completo la personalidad; además, los malos comentarios o pocos «likes» crean emociones y estados de ánimo negativos y pueden alterar nuestra autoimagen.

La autoimagen es nuestro propio reflejo, es lo que pensamos y sentimos por nosotros mismos. Si como adultos nos afectan los comentarios en redes, imagínate lo que sucederá con un niño o una niña en formación al recibirlos, ¡es terriblemente destructivo! Y a eso me refiero con la manipulación, pues el mismo medio te mete ideas sobre quién eres y te hace ser vulnerable a ellas.

Así que, un elemento básico de la crianza de los papás de algodón es la permisividad. Darles todo a los hijos con tal de que estén contentos y no lloren o que tengan lo que desean para evitar su enojo. Y, a pesar de que vivimos en un mundo digital, la tecnología NO ES UN JUGUETE, es un arma de doble filo que debemos conocer a fondo.

Por ello, te propongo la regla 3, 6, 9, 12 para las EDADES convenientes en el uso de la tecnología. Adelantar etapas es peligroso para la autoestima y autoconcepto de los niños en formación.

- **Antes de los 3 años nada de tableta propia**

  Cada vez es más frecuente encontrar a bebés con una tablet propia que no para de exhibir las mejores caricaturas una tras otra por horas y horas.

  El problema consiste en que, en estas tiernas edades, se está desarrollando la capacidad de la pinza, que es el principio de la lecto-escritura y, al acostumbrarse a mover todo con las yemas de sus manitas se deja de practicar la motricidad fina.

  Por otro lado, la retina no se ha acabado de madurar y la exposición a la luz pulsada (flashazos que salen de las pantallas) puede lastimar sus ojitos, causando falsa miopía que es un problema que parece que no ven de lejos, pero es solo porque el ojo se acostumbra a ver todo muy cerca y con demasiado color.

  Finalmente, al estar ensimismados en una pantalla se pierde la empatía como capacidad de convivencia pues el mensaje es: «el mundo es personal».

• **Antes de los 6 años nada de videojuegos**

El juicio del bien y el mal se está formando en estas edades, por ello, si se recibe el mensaje mediante las acciones de los videojuegos de que matar, destruir, empujar, quitar, pisar es legítimo con tal de ganar puntos, se registra como una orden directa al inconsciente.

Los niños hasta los 6 años vibran en una onda cerebral semi hipnótica donde todo lo que se les dice o ven se recibe como una verdad, así se confunde el bien y el mal.

Además de ello, la adrenalina que aparece al estar tratando de pasar el nivel puede ser adictiva ya que, una vez que pasan el nivel el cuerpo recibe endorfina y así con cada logro.

• **Antes de los 9 años nada de Internet a solas**

Todos sabemos que hay mucha violencia y pornografía en el Internet, por ello, cuando un menor de 9 años navega solo, es muy probable que, al poner cualquier palabra en el buscador, le aparezcan escenas inapropiadas.

Los niños menores de 9 años solo se asustan al ver estas escenas pornográficas o violentas y en muchos casos no lo reportan a sus padres.

Navegar sin tener la edad apropiada y una guía puede alterar los conceptos fundamentales de la vida como el amor de pareja y el respeto a otros.

• **Antes de los 12 nada de redes sociales, ni celular propio**

Tener celular propio con Internet es ALTAMENTE PELIGROSO pues con este se podrá accesar sin reparo a la pornografía, violencia o grupos destructivos.

Algunos niños y niñas están creando cierta adicción a la pornografía que descubrieron por accidente o curiosidad y esto genera graves daños en el desarrollo de la personalidad.

Los chats de los menores de 13 años contienen en muchos casos groserías y ofensas que quizás ni entienden pero que igual dañan a sus compañeros.

- **Respecto al controversial Facebook, hay cinco razones para no tenerlo antes de los 13 AÑOS**
  Es ilegal. La edad para abrir Facebook (por acuerdo legal) es de 13 años.

  Dejar que abran su perfil es fomentar en nuestros hijos que mientan con tal de tener lo que quieren (pues deben falsear su fecha de nacimiento).

  No cuentan con el criterio adecuado para saber a quién agregar o no.

  Replicar o poner comentarios desagradables y fotos comprometedoras puede acabar con su reputación, esto sucede al no tener edad para decidir con madurez. Evitar las redes sociales hasta que sea su tiempo es una manera de proteger su integridad.

  Un pederasta tarda 8 minutos en desvestir a un menor en una cámara web… demasiado riesgo, ¿no crees?

Cuidar a nuestros hijos respecto a la tecnología para evitar que tomen decisiones inadecuadas o copien comportamientos erróneos, es un derecho que REQUIEREN tener todos los niños y niñas para crecer en un ambiente que favorezca su sano desarrollo y su derecho a la inocencia, que es algo fundamental para consolidar positivamente la personalidad.

Cuando miramos el resultado de adelantar la tecnología, nos damos cuenta que muchos niños y jóvenes están frustrados por no pertenecer o por ser atacados en redes sociales. Y, aunque es una moda facilitar dispositivos, el tema con estas actitudes es que se han vuelto tendencias y, cuando las cosas se vuelven tendencias, nos afectan a todos.

> **Por ello, evita que tus hijos alteren su personalidad al tener estos estímulos digitales que los hacen sentir mal de ser quienes son o de no ser como los demás.**

Te comparto a continuación un ejemplo de los muchos que veo en mi coaching sobre el tema de la manipulación mediática. Una mamá me dijo:

> Mis 2 hijas fueron a una escuela católica desde que tenían 7 años. Su papá y yo las llevamos siempre a misa, somos una familia unida y procuramos estar viviendo en valores, no obstante, mis dos hijas, al crecer, se inclinaron por la corriente feminista y la defienden contra todo, discutiendo y exponiendo sus puntos desde los 14 y 16 años respectivamente, y se alían contra su papá y contra mí. Podrás imaginarte que ni su papá ni yo les promovimos ni las invitamos a seguir estas corrientes con la educación que les dimos, no era lo que se vivía en casa, pero los medios han hecho muy bien su trabajo al convencerlas de que esta ideología es la correcta y han tenido tal influencia en ellas que lo toman como su bandera dejando de lado lo aprendido y visto en casa, generando fuertes discusiones en el núcleo familiar.

Las múltiples corrientes están haciendo que los niños traigan a sus vidas posturas que no son el reflejo de tu crianza, que no son tu educación y ellos las defienden como si fueran valores inculcados en casa. En los años sesentas todos los valores venían de la familia y los medios impactaban poco en la mentalidad de las personas, por lo que era la familia quien realmente formaba; hoy, NO. Hoy, los medios impactan mucho más que la propia familia y más si esta descuida los frentes a proteger.

En el estudio de los valores de los mexicanos de Enrique Alducin, que te mencioné en la gráfica anterior, dice que:

- El 45 % de los valores en los años sesentas venían de casa.
- Si naciste en los ochentas, entonces era del 27 % la influencia de los valores de tu casa.
- En el 2000, 18 %.
- Para los que nacieron en 2020, durante la pandemia, el impacto de los valores de casa subió a 30 %.
- Pero en la post-pandemia volvió a bajar a 18 % el porcentaje de los valores que vienen de los padres.

Esto sucede porque, quiénes se están ganando el protagónico de la formación de valores, ¡son los medios!

En los años 60, cuando mi mamá era chiquita, el 5 % de la influencia era de un programa de radio que escuchaban ahí todos en familia o de alguno de los pocos programas de la tele que habían. Pero ahora, simplemente Netflix junto a todas las plataformas de entretenimiento te dan todo tipo de mensajes y contenidos en definición *HD* y sonido *high tech* para que el mensaje permee al 100 %, muchas veces sembrando antivalores, promiscuidad, normalización de la violencia y tendencias destructivas de la familia.

Y esas son las influencias y las ideologías que los niños empiezan a ver como comunes, que van deformando su criterio, derivando, el día de mañana, en malas decisiones.

Un ejemplo de ello:

En una escuela, trabajando yo con los niños de primero de primaria (6-7 años), les decía: *¿a quién le gustan los cuentos?* Y respondían a coro: *«a mí».* *¿Y a quién le gustan los muñecos?,* y de nuevo la respuesta a coro ***«a mí».*** *¿Y a quién le gusta el bullying?* Y aunque no lo podía creer hubieron varios que respondieron: *«a mí»...* Si eres papá de algodón, seguramente estarás pensando: *«ay, obvio lo dijeron de broma».* Y pues yo te aseguro, porque lo ví, lo profundicé y lo platiqué con ellos, que algunos sí levantaron la mano **de verdad.**

Para poder cambiar ese concepto, les dije: *«es que el bullying se los están poniendo como parte de la diversión, por ello vamos a hacer una distinción entre una travesura y una broma»,* y así fuimos evaluando que las cosas que lastiman son bullying, no son chistosas y se deben evitar.

Obviamente todos los niños son inocentes y, conforme pasa el tiempo y se relacionan con otros, absorben también estos mensajes *nefastos* que alteran sus valores. Por ello, llevo 21 años promoviendo que el **Onceavo Derecho de los Niños** sea el **#derechoalainocencia** y que se apruebe la **Ley del Bullying** que ingresé, con el apoyo del Senador Guilberto Herrera, el 27 de abril del 2023 ante el Senado de la República y que está por votarse.

Esta propuesta de ley que puedes leer completa en el BLOG de www.educacionmillennial.com, propone que haya 5 puntos que se incluyan a nivel federal:

1. Escuela para padres obligatoria una vez al año para tener derecho a la educación.
2. Re-certificación de maestros cada año en habilidades socioemocionales y prevención de *bullying*.
3. Multas económicas a los padres de los agresores.
4. Que los *bullys* tengan que tomar terapia obligatoria por 3 meses.
5. Que exista una labor social para los testigos de esas agresiones, como barrer la escuela, pintar los salones, recoger basura, dar conferencias a los alumnos más pequeños sobre bullying, etc…

También puedes ver la iniciativa de ley en mi video fijado en YouTube, donde viene el documento sellado recibido y que se va a votar este 2023, en este enlace:

https://www.youtube.com/watch?v=JrcCDKHll-U

Todos necesitamos sumarnos contra esta ola de antivalores que se está llevando la inocencia de nuestros niños, porque ellos no lo hacen por maldad, lo hacen por moda. Lo repito: no lo hacen por maldad, lo hacen por moda, pero al final, lo están haciendo y se están lastimando. Hay veces que en las escuelas se «corta el aire con tijeras», porque los alumnos se llevan muy pesado y los más perjudicados son ellos mismos.

Así que, aunque casi el 50 % de los valores (refiriéndose como valor a cualquier cosa a la que se le da valor y no a los valores universales) actuales vienen de los medios, y aunque los medios nos quieren ganar la batalla, y siendo que los medios están ahí disponibles para todos, créanme que **nosotros podemos hacer muchísimo** aún.

Lo importante es poder tomar consciencia y recuperar nuestra fuerza como familia, como padres y como sociedad para que así, aunque las malas influencias estén ahí, nosotros sigamos tomando nuestras propias decisiones con base en los valores universales que existen para que, al seguirlos, tengamos un bien-vivir.

Papás: ¡Ustedes lideran!

4

Nuestra influencia como padres

A pesar de que los medios nos quieran ganar la batalla y llevarse los valores de nuestros hijos, como se explica en el capítulo anterior, si leemos las letras chiquitas del contrato que hicimos al ser padres, dice claramente que debemos educar con:

Control, conexión y presencia

Te lo explico más claro:

Control

Si estás en una reunión con desconocidos, y tú volteas a ver a tu hija o hijo mayor de 8 años y le haces un gesto de desaprobación de lo que hizo o dijo y te contesta con desprecio: *¡¿quéeeeee?!*, estando enfrente de gente que no es de su círculo íntimo, significa que tienes **cero control** sobre tus hijos.

Piénsalo: «el que no comprende una mirada, no comprenderá una larga explicación».

Por control no te estoy hablando de que te vea y se ponga a temblar o de que te vaya poniendo alfombra roja para que pases haciéndote reverencias, estoy hablando de que simplemente, si lo volteas a ver, entienda y cambie de actitud porque sabe que lo haces para protegerlo y educarlo con bien.

Conexión

Tener control hacia nuestros hijos con una «mirada matadora» como sucedía con nosotros, también habla de conexión. Cuando estamos conectados con los demás, nos sincronizamos y evitamos las actitudes que puedan molestar a los otros, podemos leer sus gestos y, con base en ellos, reaccionamos.

Una forma de saber si estamos conectados con nuestros hijos es que la conversación con ellos fluya, simplemente fluya. Pero si al preguntar: «*¿cómo te fue?*», te gruñen: «*Bnn*», o sea, ni siquiera verbalizan «*bien*», hay de dos:

- O tuvieron un muy mal día
- O no quieren hablar contigo porque no se sienten conectados…

Yo sé que en la adolescencia, la desconexión sucede porque se entra en un periodo de rebeldía contra los padres buscando la propia personalidad e individualidad, esa parte es normal. Más lo que no es normal es que un simple «*buenos días*» sea un problema o que se escondan tras una capucha que los oculta y unos audífonos que los hacen sordos a lo que viven en casa… esa actitud ya no es normal y debemos de encontrar la forma de conectarnos de nuevo.

¿Cómo reconectar con los hijos?

Suele suceder que la desconexión se dé porque hubo alguna humillación, algún gesto que los lastimó, una dinámica familiar de la que no se ha hablado, un divorcio, una situación de duelo o algo que les molesta y no han sabido cómo decirlo.

Por ello, sanar el vínculo y la conexión con los hijos es el primer paso hacia la recuperación de nuestra influencia en ellos y evitar que los medios sigan ganando la batalla. Estos son los tres pasos que te propongo:

1. Hacer una línea del tiempo de la historia con tus hijos

Dibuja en una hoja una línea de 0 a 18, por ejemplo, o hasta la edad que tengan tus hijos. Posteriormente pon una marca en cada año y recuerda los sucesos relevantes de esa edad.

Así podrás ver los momentos de coincidencia con el alejamiento con los hijos y descubrirás todas las respuestas y los por qués, para poder regresar a su corazón. Ejemplo:

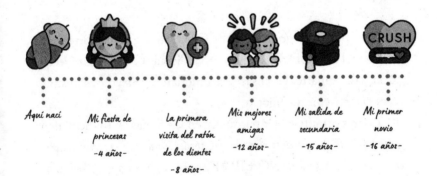

Aquí nací

Mi fiesta de princesas
–4 años–

La primera visita del ratón de los dientes
–8 años–

Mis mejores amigas
–12 años–

Mi salida de secundaria
–15 años–

Mi primer novio
–16 años–

2. Evaluar los posibles errores

Reconoce qué cosas pudiste haber hecho, dicho o marcado en la vida de tus hijos. Por ejemplo:

- Haberlos humillado frente a sus amigos.
- Haberte burlado de su dolor.
- Haberlos golpeado.
- Haberlos hecho vivenciar un fuerte pleito de pareja, un divorcio…
- y un largo etcétera.

FALLAR

3. Disculparte por cosas puntuales que los pudo haber herido

Nadie te pide o exige ser PERFECTO, mas sí es importante y vital ser HUMILDE. Cuando estás dispuesto a evaluar, reconocer y disculparte, las cosas se acomodan de nuevo y es posible reconectarte con tus hijos.

Lo importante es ser puntuales en los temas, si tú dices algo general como: «*perdón si te hecho algún daño, no fue con intención…*», esa disculpa NO SIRVE; pero si dices algo particular como: «*Sabes hijo, ese día en que permití que aquella persona fuera grosera contigo y no dije nada, sé que te decepcioné y lo siento en verdad, ¿me puedes disculpar?*», estas palabras son ORO PARA EL ALMA, son llenas de verdad, autenticidad y ahí esta la reconexión.

pedir PERDÓN

Presencia

Hablar de control y conexión es hablar de presencia. Cuando existen los tres elementos, *hay un vínculo.*

Sin embargo, hay algunos papás que han dejado de mirar a los ojos a sus hijos y no ven realmente qué pasa ahí, qué pasa en el corazón de sus hijos y no observan a profundidad, pues dan una constante mirada de reojo que no atina a conectar. Entonces, cuando los hijos no se sienten vistos, se abre un sentimiento de vacío interior que lleva a los malos entendidos con sus padres y al reclamo de: *«tú no me entiendes»*, y es un reclamo válido, pues al no estar en presencia con ellos, no entendemos lo que platican de la caricatura, de los amigos, del partido, de la vida y comenzamos a responder con un: *«ajá, qué bien mijito»*, y eso es lo que nos llega a desconectar.

Como los vínculos se han ido rompiendo con nuestros hijos, quien entra a suplirlo son los medios; pero si tú estás ahí, si te mantienes firme y congruente con tus ideas, hasta una de las hijas feministas que quiere abolir la relación con los hombres y trabajar para ella misma sin crear una familia, un día te dirá:

«Ma, te puedo confesar algo, yo creo que no soy tan feminista porque la verdad… o sea yo creo que así está muy exagerado ese rollo de de que tú tengas que hacer todo y ser super woman».

Y después de 16,718 discusiones con tus hijos, un día, entran en razón, en equilibrio y se vuelven a parecer a ti.

Recuerda que el enemigo quiere que en tu mesa entre la discordia con tus propios hijos. Esta discordia se siembra por ideas radicales que se defienden como verdades; por ello, lo más importante es hacer una clara distinción entre lo que es una verdad y lo que es una afirmación:

- Una verdad es que la Tierra es redonda, que todos los días sale el sol, que hay noche y día, que respiramos aire, que nacimos y morimos, entre muchísimas otras.
- Una afirmación, por ejemplo, es la que hace la gente que ahora se declara «planomundistas», que afirman que la Tierra es plana; que el sol es una idea construida; que nunca es noche o día; o que nunca hemos nacido ni muerto físicamente porque siempre hemos existido (aunque sea como fantasmas).

Una verdad está basada en las leyes de la física y de la ciencia; mientras que una afirmación es una corriente basada en datos parciales y sesgados que no se pueden comprobar a ciencia cierta.

O sea, las verdades son cosas literalmente obvias, científicas y comprobables, pero cuando nos metemos en el tema de las afirmaciones, ahí empezamos con el problema y ¿en qué se basan las afirmaciones? Se recargan en estadísticas tendenciosas para afirmar algo que quieren.

Ejemplo:

Si yo quiero decir que el 90 % de los niños dice que odia las *Chips Fuego* y, pues me voy a África a hacer la encuesta, ahí en donde <u>no conocen</u> las *Chips Fuego,* compruebo mi AFIRMACIÓN; pero, si hago esa encuesta aquí en México, el 90 % dirán que aman las Chips Fuego y no podré comprobar mi afirmación porque es RELATIVA.

Para hacer afirmaciones, todo dependerá de dónde mires, a quién le preguntes, cómo le preguntes y qué información les des... pero decir las cosas como verdades cuando se trata de afirmaciones con base en esas estadísticas tendenciosas, dicta una postura relativista que **polariza el ambiente** cuando cada quien quiere tener «su propia verdad».

La más terrible afirmación de estos tiempos es decir que no se es ni hombre, ni mujer... este postulado nos destruye porque eso, es lo único que se tiene claro desde el nacimiento. Cuestionarte tu naturaleza física, esa que te define en un sexo determinado, lo que hace es llenarte la cabeza de humo, entonces te vas a pasar toda tu vida —en lugar de en ir descubriendo tu propósito de vida— viendo qué quieres ser, te preguntarás lo obvio que es si eres hombre o mujer, cuando podrías utilizar esos mismos pensamientos así: «*yo quiero ser piloto, abogado, maestro, quiero cambiar el mundo, quiero ser científico, quiero potencializar mis dones...*». Y malgastas tu tiempo preguntándote: «*¿seré mujer, seré hombre, seré chango, no, yo creo que soy rana, bueno mejor mujer*».

Considero, de forma muy personal, que nuestro tiempo en esta Tierra es muy corto como para perderlo pensando cosas obvias, en lugar de sacando <u>nuestros talentos</u> para ponerlos al servicio de uno mismo y de los demás.

Por ello, desde hoy, regresa al contrato original con tus hijos que fue, es y será: **Control, conexión y presencia.**

Aprender a ser mamá pata o papá pato

¿Te has fijado cómo son los padres patos con sus patitos? Para mí los patos son un ejemplo de la naturaleza sobre lo que es SER una buena MAMÁ o un buen PAPÁ.

Así, los padres patos caminan muy firmes, decididos y seguros, se ve en ellos una confianza absoluta en que sus patitos los seguirán a donde sea, harán lo que ellos dicen y obedecerán porque ellos saben que sus padres patos saben lo que hacen y gracias a eso se librarán de peligros.

Jamás he visto a un padre o madre pato discutiendo con sus patitos sobre por qué deben caminar a tal velocidad o echarse al agua; jamás los he visto pidiendo instrucciones o consejos a los patitos; jamás los he visto tomando café con otras mamás o papás patos para tomar decisiones importantes o para discutir qué hacer respecto a sus ideas y conceptos de crianza.

Los padres patos confían en sí mismos y es lo que propongo, que hagas como ellos: Sé como una mamá pato, como un papá pato y guía a tus hijos con firmeza y sin violencia.

¡Piénsalo! Tener miles de ideas, teorías, conceptos, consejos, prácticas y suposiciones sobre lo que es ser «mamá» o «papá» y cómo hacerlo está padrísimo y te encuentras ideas de todo y para todo, pero son tiempos de volver a los principios de verdad, bondad y fe para crear tu propia brújula.

¿Qué es tu propia brújula? Es ese radar interno que te dice lo que debes hacer o no, es la intuición maternal o paternal que es el *filtro* entre los millones de conceptos —que muchas veces son antivalores disfrazados de modernidad— y tu brújula te da claridad de qué es lo que a ti **te late**, por ello es vital tener formación intelectual y espiritual, y seguir estudiando siempre.

Cuando no escuchamos nuestra propia intuición y nos dejamos confundir por el sinfín de ideas que existen sobre la lactancia, la crianza, la alimentación, los cuidados, el sueño, los límites y un larguísimo etcétera, nos vamos convirtiendo en lo que yo llamo «gallinas sin cabeza».

¿Quiénes son las gallinas sin cabeza? Cuando están preparando para cocinar la carne de gallina, el cocinero le corta la cabeza, pero hay un breve momento que el cuerpo de la ave se sigue moviendo como loco y corriendo en todas direcciones para salvar su vida, no sabe que ya ha perdido la cabeza. De esta forma, los padres podemos irnos convirtiendo en *gallinas sin cabeza*, al perderla cuando:

- Dejamos que nuestros hijos manden.
- Dejamos que los medios nos confundan.
- Dejamos que adoptemos una idea y luego otra y luego otra y luego otra sin sentido y esto nos deje sin dirección…
- Dejamos que defendamos corrientes en vez de filosofías.
- Dejamos de formarnos para guiar a una familia.

¡Guiar es la misión más importante que tendremos y para la que menos se estudia! Literal, estudia más un plomero sobre su oficio, que un padre de familia promedio, así que POR FAVOR no dejes de formarte.

Y ¿qué podemos hacer para ser un papá o una mamá pata millenial en vez de gallina sin cabeza? RECUPERAR la confianza en nosotros como padres.

Algunos tips para hacerlo:

- En vez de leer cosas que te confundan, quédate con la idea que te haga clic interno, que te haga sentir cómodo y tranquilo.
- No pruebes de todo, porque terminarás más alterado y sin saber qué hacer, porque todo funciona un poco.
- Deja la culpa para otro momento, piensa «educar sin culpa es lo mejor».
- Perdona tus errores, si hoy encontraste algo para mejorar, no te culpes por no haberle dado eso desde el principio a tu hijo, alégrate por haberlo descubierto ahora.
- Trabaja en ti mismo. He descubierto que cuando tenemos hijos pequeños dejamos a un lado el trabajo personal. Yo te recomiendo que lo pongas en el #1 de la agenda porque, para educar, es necesario estar en sintonía personal.

Te aliento a ser la mamá pata o papá pato que tus patitos merecen. Ningún patito merece cargar con la responsabilidad de tomar las decisiones de mamá y papá, los patitos merecen ser educados con **firmeza, responsabilidad y determinación** que les permita a ellos caminar por la vida **seguros** también.

Firmeza: es la voluntad inquebrantable y constancia en la realización de algo. «*Aunque te tires al piso y quieras palomitas, si es la hora de comer, ¡NO HAY PALOMITAS!*».

Responsabilidad: es ser consciente de sus obligaciones y actuar conforme a ellas. *«Aunque sea más cómodo hacerte la tarea, me siento contigo y te guío, pero NO TE HAGO LA TAREA».*

Determinación: es tomar la decisión de hacer las cosas que se expresan. *«Aunque sea más fácil descastigarte la tele y que no des lata, NO VES TELE, ESTÁS CASTIGADO».*

OJO: Llevar a cabo estas recomendaciones no quiere decir ser perfectos, todos nos vamos a equivocar por ley de vida. No hay mamá o papá perfecto, pero la seguridad te ayudará a no culparte y ser más compasivo contigo mismo al cometer errores y, aún así, seguir guiando y tomando decisiones por el bien de tus hijos.

5

Las confusiones de los hijos de cristal

Aunque sea complicado creerlo, he visto en escuelas, y maestras me han contado, que existen cada vez más casos de niños que dicen ¡que son gatos!, y esto es literal, realmente creen que son gatos… En serio, llevan una diadema con orejas de gato, hablan idioma gato «miau, miau» y se ponen hasta guantes en forma de pata de gato, por lo que se niegan a escribir y a sujetar objetos.

Entonces dices: «*¿pero cómo es esto posible?*». Y cuando escuchas a sus papás de algodón diciendo que «*es un juego porque son chiquitos, que no pasa nada, que ya se les pasará…*», te dan ganas de morir sabiendo el <u>daño estructural en la personalidad</u> que les están haciendo a sus propios hijos al solapar que se desvinculen de la realidad PUES NO SON GATOS, SON NIÑOS.

Desvincularte de la realidad es el principio de la locura, por lo que este «juego» es grave, muy grave.

Nadie puede comprobar que somos gatos, ¿verdad? Pero si alguien hace un estudio «científico» de que realmente no derivamos del chango, sino del felino, porque ya vieron que tenemos un rasgo de un 1 % de gatos, nos van a acabar manipulando hacia una mentira. Y el problema es que, cuando una mentira se repite mil veces, se vuelve una verdad.

De esta forma, conforme ya van creciendo los niños de cristal, estando desvinculados con la única realidad existente de que somos humanos, su mente se distorsiona y pueden llegar a creer cualquier cosa, por ejemplo, que las drogas en realidad no son malas; que tener muchas parejas sexuales es bueno mientras te cuides en lo físico sin cuestionar la importancia de cuidar el alma; que no es necesario obedecer ni a padres o maestros, puesto que ellos ya son antiguos; que elegimos el género; y muchas afirmaciones más que resultan peligrosas.

Para entenderlo mejor, el problema, cuando discutimos con base en afirmaciones, es que siempre va a haber una discordia, un enojo, una enemistad o una pelea, puesto que no se alegan hechos sino *creencias* que se conciben como **verdades**. Un ejercicio para comprender esto es poner a dos personas a jugar vencidas diciendo al mismo tiempo: «*tengo razón, tengo razón, tengo razón…*», así, con fuerza, gritando, y cada uno tirando hacia su lado para ganar.

¿Quién gana en *tengo razón, tengo razón, tengo razón, tengo razón, tengo razón, tengo razón, tengo razón, tengo razón, tengo razón, tengo razón?* Nadie, pues además de ser cansado, con tirar energía innecesaria y hacerte enojar, no se llega a ¡nada!

Entonces, fíjate si haciendo el mismo movimiento, yo muevo mi mano hacia mi lado y la otra persona cede, puedo decir: «*este es mi punto de vista*», sin ejercer fuerza, fluyendo, y la otra persona mueve mi brazo hacia la mitad y dice: «*respeto tu punto de vista*», y luego mueve su brazo hacia su lado sujetando el mío y yo cedo, esa persona dice: «*este es mi punto de vista*», y regresamos en medio y le digo: «*respeto tu punto de vista*» y así sucesivamente… podemos empezar a vivir la cordialidad con nuestros hijos y con todas las personas, porque este ejercicio es para negociar y las afirmaciones se pueden escuchar, tomar en cuenta, quizás cambiar nuestro punto de vista o quedarnos con el que ya teníamos y estar de acuerdo en *no estar de acuerdo*.

Aquí un ejemplo de la típica discusión con los hijos de *tengo razón:*

—*¡Quiero ir al cine!*

—*No, no vas a ir...*

—*Que sí, que quiero ir.*

—*No, no vas a ir, te quedas aquí.*

—*¡Que mala eres mamá!*

—*Muy mala y ¡no vas!*

Acto seguido, tu hijo o hija se va con el respectivo portazo a su cuarto y pasa todo el fin de semana resentido y refunfuñando, por lo que el ambiente en casa se vuelve pesado.

Cuando discutimos desde *tengo razón*, se puede seguir la eterna discusión sin llegar a acuerdos, y es obvio que no en todo tendrás que ceder como hacen los papás de algodón, pero hay que aprender a **negociar** con los hijos para conservar el vínculo que conlleva control, conexión y presencia.

Un ejemplo de llegar a acuerdos con los hijos de *respeto tu punto de vista:*

—*¡Quiero ir al cine!*

—*No, no vas a ir porque sacaste malas calificaciones.*

—*No entiendo, ¿qué tienen que ver mis calificaciones con ir al cine?*

—*Que cumplir tus obligaciones da tus permisos, así que no vas.*

—*Pues no estoy de acuerdo con que me condiciones, y ¡yo quiero ir!*

—*Entiendo que quieras ir y estés frustrado, pero yo no estoy de acuerdo con que no estudies, que es tu única obligación y ¡no vas!*

—*Ok…*

Y aunque se vaya refunfuñando a su cuarto, se ha creado la consciencia de esforzarse la siguiente vez, ya sabe que no hay berrinche que le gane a tus decisiones, como le das razones y al mismo tiempo validas sus puntos de vista, va seguramente a refunfuñar un rato, pero la diferencia con el ejemplo anterior, es que <u>no se quedará resentido</u> y en unas horas se le pasará el coraje y encontrará otra cosa que hacer. Así evitarás el mal ambiente el fin de semana.

En este mismo ejemplo, pero con papás de algodón, la discusión sería algo así:

—*¡Quiero ir al cine!*

—*No, no vas a ir…*

—*Que sí, que quiero ir.*

—*(Gritando) ¡No, no vas a ir, te quedas aquí!*

—*¡Que mala eres mamá!*

—*Muy mala y ¡no vas!*

—*¡Es que quiero ir al cine! ¡Tú nunca estás, nunca me dejas hacer nada, nunca me ayudas en nada! Por eso estoy deprimido, porque nadie me entiende…*

—*(Con culpa) ¿Cómo mi amor? ¿Estás deprimido?*

—*Sí, pero no te había dicho… ¡porque nunca estás!*

—*Ay no me digas eso, ya sabes que me mato trabajando para que tengas todo y llego a las 6:00 p.m. todos los días…*

—*(Gritos) ¡Sí, pero nadie me entiende en esta casa, solo mis amigos, por eso quiero ir al cine!*

—*Es que mi amor, sacaste malas calificaciones*

—*¡No entiendo qué tienen que ver mis calificaciones con ir al cine, solo me haces sufrir!*

—*Es que mi amor, debes cumplir tus obligaciones para tener permisos...*

—(Interrumpe violentamente gritando y llorando) *¡Pues no estoy de acuerdo con que me condiciones, y yo quiero ir!*

—(Con más paciencia) *Entiendo que quieras ir, pero yo no estoy de acuerdo con que no estudies, que es tu única obligación... pero no quiero que te pongas así.*

—*Pues lo único que tienes que hacer es dejarme ir, si no quieres que me ponga así...*

—*Bueno, pero, ¿prometes estudiar el siguiente bimestre?*

—(Con cara de lo logré) *Ay obvio ma, por supuesto que voy a estudiar,* (con sonrisa) *¡mil gracias eres la mejor!*

Y así estos hijos de cristal con lujo de drama, chantajes y violencia (gritar), logran lo que quieren, te la voltean, te hacen primero caer en un pleito de gritos y enojos para, al voltearte las cosas, activar la «Doña culpas» que todos tenemos, y salirse con la suya.

Por ello, con los hijos, es necesario ponernos miles de kilos de mantequilla, en especial en la adolescencia, para no caer en manipulciones y chantajes que los acerquen al mundo de los papás de algodón. Si cedemos a sus chantajes, ellos crecerán sabiendo que no tenemos firmeza ni autoridad y que pueden tomar decisiones peligrosas al saber que no tienen límites.

Te pongo un ejemplo para evitar los chantajes, aunque haya razones de peso y de fondo que los hagan sentir mal:

Llega mi hijo triste de la escuela.

Contexto: Su papá se fue a vivir a otra ciudad en 2020 y no ha venido ni una sola vez a la Ciudad de México desde 2021, ahora es 2023. No sé quién de las mamás de la escuela se enteró de esto y se lo contó a su hijo, y al mío le dijeron: «*Es que eres un niño abandonado*», y por eso estaba triste.

Yo tenía tres opciones:

a. Llorar, traumarme y enojarme contra «las mamás de la escuela» y hacer sentir peor a mi hijo.

b. Poner en el chat del salón lo injusto y horrible de lo sucedido y poner en ridículo a mi hijo.

c. Minimizar el tema y darle fuerza a mi hijo para cambiar su sentir.

Elegí la tercera, así que, en automático, le dije a Eli, nuestra nana y ángel de la guarda: «*¿Ah sí? Eli, a ver, inmediatamente hacemos una maleta —pero solo una— porque lo vamos a dejar al DIF porque es un niño abandonado, entonces no puede llevar muchas cosas, no caben*».

Reacción inmediata de todos ATAQUE DE RISA. Y le dije: «*Ves Alex, ¿en realidad eres un niño abandonado?*». Y dijo un rotundo: «*NO*», a lo que respondí: «*Ah bueno, entonces de qué te preocupas, diles que NO LO ERES y ya*».

Pero, ¿qué tal que me hubiera salido la leona dormida?, y le hubiera dicho: «*¿Cómo? ¿Quién fue? ¡A ver dime el nombre, el apellido! ¡¡¡¡Ahorita!!!! A ver, ¿dónde está mi chat, mi teléfono?*». Y acto seguido hubiera abierto el chat del salón para escribir:

«A ver chicas, le acaban de decir a Alex que es un niño abandonado, miren aquí está un voice con su propio testimonio de lo que le hicieron... ¿cómo pueden ser tan crueles? ¿qué no ven que.... Bla, bla, bla...?».

Todo un drama y ya les dí todo <u>mi poder a los demás</u> de destruirme a mí y a mi hijo. Pues NO, no les des el gusto. Ante las cosas que no son ciertas y los juicios de los demás, simplemente, lo único que necesitas es decir un ROTUNDO NOOOO.

Hacer y formar hijos de **cristal blindado** es fortalecerlos para que puedan ellos mismos reírse de las cosas de la vida y tomar todo con mayor objetividad, lo que les ayudará para toda su vida.

La gente muy sentida, sufre.

La gente muy enojona, da su poder a otros.

La gente muy depresiva, deja de vivir por lo que dicen los demás...

Y lo peor del caso es que nunca le darás gusto a la gente, así que, enseña a tus hijos a decir **NO** con fuerza y convicción para que sean hijos de cristal, pero **blindado.**

6

La debilidad de los hijos de cristal

¿Qué es lo que pasa con la crianza de algodón? Hay padres que se vuelven esclavos de sus hijos, su motor es la culpa que sienten y, con base en ello, centran todas sus decisiones, permisos, concesiones, compras, disculpas, permisividades y consentimientos.

Cuando el motor de todo es la culpa, te debilitas como padre y autoridad, y comienzas a sentirte vulnerable... y es verdad, tener un hijo es estar permanentemente en una situación vulnerable, pero al reconocerla puedes tomar tu fuerza.

¿Por qué tener un hijo es estar vulnerable? Porque hay miles de cosas que están fuera de tu control y no puedes influir en ellas.

Retomando el último ejemplo del capítulo anterior de: «*Me dijeron que soy un niño abandonado*», es claramente una afirmación con un porcentaje de verdad porque su papá no está, pero al final, si yo me pongo a hacer un drama y a poner en el chat y a ver a quién acuso, «porque, ¿quién se atreve a decirle eso a mi hijo?», me quedo más vulnerable aún, porque acepté ser vulnerada por comentarios.

Esos comentarios no tienen porque llegarte al corazón y destruirte si tú no lo permites. Nadie está viviendo tu vida, nadie tiene una cámara en tu casa para ver tus tragedias, y algunas veces, ni siquiera lo hacen por maldad, ¡créeme! Si lo aprendes a ver con los ojos de que nadie en realidad lo hace por dañarte, enseñarás a tus hijos a ser fuertes ante los comentarios descuidados o desinformados de los demás.

O sea, que esas mamás a lo mejor lo comentaron porque dijeron: «*Ay qué tristeza lo que le pasa, hay que ayudarlo*», pero al decir cosas y señalar cosas de adultos frente a nuestros hijos sobre lo que viven otros niños, ellos pueden tomar comentarios parciales que, al repetirlos en la escuela, pueden lastimar. Por lo que, temas de adultos son entre adultos, no debates que se hacen frente a los hijos.

Entonces, sin poner etiquetas de «está bien» o «está mal», simplemente se trata de fortalecerlos con lo que hay, con las herramientas que tienen en su vida para salir adelante como en el caso mencionado, que es tener una casa, comida, amigos y una mamá que lo ama, aunque su papá viva lejos.

Cuando tras algo malo o negativo que les dijeron a nuestros hijos, ellos sienten feo o se sienten mal, y a partir de ahí, queremos darles gusto en todo para evitarles sentirse tristes o mal y llenarnos de culpa, podemos empezar a justificar lo injustificable: «*Ay pobre es que como su papá no está y está triste y es muchísima tarea, mejor se la hago, que ya no sufra nada*».

Y esa, es precisamente la crianza de algodón que crea hijos débiles.

Debilidad en la escuela

Hacer tarea no es antipedagógico, al contrario, pues unos años después querrás que aplique para el Tec de Monterrey con beca de excelencia y, al no conseguirlo por su baja disciplina y poco rendimiento de primaria, secundaria y prepa, vas a decir ¡qué injusto! O tal vez entra, pero créeme que ya no podrás ir a decirle al rector: «*Oye Tec de Monterrey, es que mi hijo no puede echarse la carrera de ingeniería, son muchísimas lecturas, ¿pueden dejar menos?*». Jajajaja, no creo que nadie te haga caso.

Al estudiar, sin importar los problemas de su vida, los estás preparando para ese día, para que cuando vayan a una Universidad de prestigio tengan los hábitos necesarios para sacar buenas calificaciones y ser personas de bien. Esta es la crianza efectiva que se necesita para salir adelante en la vida educativa.

Debilidad en la vida social

Respecto a la vida social, muchos papás de algodón dicen: «*Es que Romi, pobrecita, vela tan linda, ella es tan mona y fíjate que no tiene plan para el viernes*», y como ya es jueves y todavía no la invitan, escoges a una mamá con la que te llevas y escribes: «*oye, no me invitas a Romina, es que ella es tan linda, y ya se sintió porque no tiene plan*». Y entonces ya comprometiste a una mamá a que invite a tu hija, que igual y ni es de la bolita de la suya, y la mamá «por mona» acepta y cuando le dice a su hija que va a invitar a Romina, hasta tiene que amenazar a su pobre hija de portarse bien con una niña que igual y ni bien le cae. Y como resultado, nadie se la pasa bien, la van a pasar fatal y acaba siendo más obvio que Romi no es de esa bolita y que no son amigas.

¡Por favor, no fuerces los planes! A partir de los 7 años, tus hijos deben ir haciendo sus propios grupos y amistades, porque están en la etapa del valor de la socialización, para consultar el valor que corresponde a cada etapa, te invito a leer mi libro *Método de 8 valores para la crianza efectiva,* (Urano), y ahí verás una guía por edades de cómo formar y educar.

Otro caso frecuente que les comparto es cuando me llegan casi llorando los papás diciéndome: «*Todos le hacen bullying a mi hijo, nadie lo quiere y no tiene amigos*». Cuando un problema de integración escala y se convierte en bullying **de todos** los del grupo contra alguien, la solución es cambiar a ese niño de escuela, pues la mayoría de las veces, los valores de esa escuela no corresponden a la del niño o niña en cuestión y, un cambio de ambiente y estilo educativo puede ser la solución en el 90 % de los casos.

Y, al sugerirlo, algunas veces me dicen: «*¿Cómo?, ¿cambiarlo?, no, o sea, es que ahí está el socio de mi marido y ahí están mis amigas y no se puede*». Y yo me quedaba pensando o a veces les decía: «*¡Cómo! ¿tú tienes amigas en la escuela?, o sea, ¿cómo, tú vas a la escuela?*», y me respondían: «*no, no, pero es mi grupito mi bolita de amigas desde que iban en preescolar*», pues sí, tal vez sean grandes amigas ustedes, pero eso no obliga a tus hijos a ser amigos del socio de tu esposo, o de los hijos de tus amigas. Los hijos van creciendo, cambiando de amistades y no los puedes obligar a llevarse con quien no es su estilo.

Para tus hijos, su escuela es su medio de impacto más importante y deben sentirse en un ambiente favorable para desarrollarse y que puedan ser ellos mismos. ¿Por qué quieres a fuerza que encajen donde no se sienten bien? Es como si vas a una tienda carísima, digamos Gucci, y te encantan unos zapatos que no son de tu talla, y a fuerzas, a fuerzas quieres que te queden... Pero si son muy chiquitos o grandes, no habrá manera de hacerlo, así lo intentes mil veces y sean los mejores zapatos, no son para ti. Lo mismo con las escuelas.

Hay que acotarlas a lo que cada hijo va necesitando, y comprender que, a partir de primero de primaria, segundo, tercero, cuarto, quinto, sexto, secundaria, prepa y universidad ¡ya no aplica que le hables a otra mamá para organizar su vida social! Imagínate esto: «*Oye si me invitas a Romi, es que mira, sé qué va en prepa, pero fíjate qué va a ser el evento de la graduación en tu casa y no la invitaron, ¿me la invitas?*». ¡Nada que ver! Hacer eso solo debilita más a tus hijos.

Si tus hijos van en preescolar, es el momento de enseñarlos a socializar, es momento de que hagan planes con sus amigos e inviten a todos para que los infantes aprendan a relacionarse, pero cuando pasan a primero de primaria, de los 7 a los 10 años, lo que se está formando es precisamente el que socialicen por sí mismos, que aprendan a pelear sus pequeñas batallas como que les robaron una ficha del Monopoly... así van aprendiendo a resolver los primeros conflictos de vida. Por supuesto que no te estoy diciendo, y no quiero que me mal entiendas, que, si le están haciendo *bullying* a tu hijo y le están debilitando su autoestima, no lo apoyes, ¡al contrario! Pero hay que saber distinguir cuándo intervenir y cuándo no.

Una escuela adecuada

La escuela es el medio en donde ocurren, para tus hijos, los dos aspectos más importantes de su vida en esta primera etapa que son: tanto lo educativo, como lo social. Por ello, es importante que sea una escuela donde se puedan desarrollar adecuadamente y, las dos cosas más relevantes para su desarrollo son:

- Que el método educativo les funcione.
- Y que tengan en casa los valores que promueve la escuela.

Método educativo

Si tus hijos son muy indisciplinados y les cuesta la autorregulación y los metes a una escuela tipo Montessori, lo más seguro es que no les funcione, pues requieren estructura. Por otro lado, si al contrario, se estresan demasiado por hacerlo todo bien y los metes a una escuela ultra estricta y competitiva, pueden caer en la frustración constante.

Valores de la escuela

Si los valores son muy hacia el fútbol y el deporte y a tu hijo NO LE GUSTA porque es más artístico, esa escuela se le puede llegar a complicar, puesto que toda la integración de los niños se hace al practicar estas disciplinas. O bien, si lo inscribiste en una escuela de valores religiosos y ustedes no practican ni creen en ninguna religión, pues habrá una discordancia que le puede generar una baja integración social.

Cada papá y cada mamá sabrá qué escuela les conviene, lo que sí debes pensar y reflexionar, es que es el medio en el que estarán diariamente desarrollando su personalidad, y lo que luego NO SE VALE es que quieras que la escuela se adapte a tu hijo, en vez de que tu hijo se adapte a la escuela, que eso es lo NORMAL. Si no te gustan los valores, los directores, las mamás… cámbialo de escuela. La vida es de opción múltiple y siempre puedes elegir.

Entonces, antes de decir «*que mal todo con esta escuela*», revisa si es la adecuada para tus hijos con las variables de valores y método educativo convenientes, además de lo necesario para la integración de tus hijos. Y también, si realmente tu hijo o hija está fortalecido para afrontar las cosas que suceden en esa escuela o está frente a una hostilidad sistemática.

¿A qué me refiero? A que, si los valores y método son los adecuados para tu hijo y familia, pero la integración con la parte social le sigue costando trabajo, comunmente se deberá a un ambiente hostil o a una falta de fortaleza en el carácter de tu hijo.

¿Qué es una falta de fortaleza en el carácter de tus hijos? Por lo general, los hijos de algodón no se han «entrenado», por así decirlo, a tolerar la frustración, la cuál es una habilidad que se comienza a formar desde el INICIO de la vida. Desde el nacimiento, los pequeños espacios de tiempo que se den a los hijos para aprender a tolerar son vitales para desarrollar el evitar la fragilidad.

Por ejemplo:

A Mariana de 10 años, siempre le gusta participar en el salón, y comunmente la maestra le deja hacerlo. Mas un día, elige a otra persona y Mariana se frustra muchísmo, llora y al salir de la escuela le dice a su mamá: *«La miss nunca me deja hablar y odio esta escuela».* Al investigar, a la madre se le explica la situación y se da cuenta que es una EXAGERACIÓN de su hija; esto es un foco rojo de baja tolerancia.

A José, de 7 años, le encanta ser el portero del equipo, lo cuál hace muy bien, pero un día le meten gol y pierden y dice que *«YA NO QUIERE jugar porque no sirve, porque es malísimo»,* y se ataca a sí mismo. Esta es otra señal de alerta de baja tolerancia a la frustración.

Fer tiene 9 años y, casi siempre, la invitan a las fiestas del salón y por lo general tiene plan los viernes. Su mamá está muy orgullosa de cómo está integrada y de cuántas amigas tiene, pero un día, no tiene plan en viernes y su mamá llama a una de sus amigas más cercanas para que la inviten a «fuerzas». Ahora a Fer se le complica la integración con sus compañeros porque se sienten obligados a invitarla, o su mamá se enojará. Así el efecto de su mamá de algodón le complicó sus relaciones sociales y ahora no la pasa bien.

Algo importante para evitar la crianza de algodón que genera hijos de cristal —que se romperán con cualquier cosa— porque tú les enseñaste a ser muy DELICADOS y SENTIDOS, es comprender que:

- No es bullying de exclusión que no inviten un viernes a tus hijos.
- No es una injusticia que no le toquen dulces de la piñata.
- No a todos les toca medalla de oro en los torneos, no se debe dar medalla a todos porque entonces el esfuerzo no vale nada.

Cuando hacemos esta crianza de algodón queremos acotarles el mundo a nuestros hijos y no que nuestros hijos se adapten al mundo. Te hago una pregunta: «*Si tú pudiste sobrevivir sin tener plan un viernes; saliste adelante cuando te cortó un novio que amabas; seguiste viviendo, aunque se devaluara el dólar; lograste amarrarte el cinturón cuando tu papá se quedó sin trabajo; pudiste superar las pequeñas o grandes tragedias de tu vida, ¿por qué tus hijos no podrían?*».

Tus hijos también pueden, por favor no los subestimes. Si tú no los dejas ser fuertes, ellos nunca van a ser fuertes. Confía en que pueden, regálales la mirada apreciativa, esa que es simplemente verlos con buenos ojos al confiar que:

- Ellos pueden con la tarea.
- Ellos pueden solucionar un pequeño conflicto de amigos.
- Ellos pueden aprender de un regaño de la miss por no hacer la tarea...

Porque cuando **confías** en ellos, les das ese ánimo y empuje necesario para vivir con seguridad y fortaleza; mas cuando te metes en sus problemas, por lo general, se hacen más grandes. Por ello, debes saber cuándo intervenir y cuándo no.

Recuerda:

Confía.

Confía.

Confía.

Y si alguna vez has dejado de confíar en tus hijos, busca ayuda, restauren su relación y vuelve a confiar.

Si tú crees en tus hijos, el mundo se les abrirá de par en par, porque tú eres la fuerza que traen atrás.

7

Los retos de los niños de cristal

Una forma en que veo, y les digo con cariño, a los niños de cristal, es que en ocasiones se parecen a los cuervitos que andan en el nido: «*Uuuuaaaac, uuuuaaaac, uuuuaaaaacccc*» y solo abren el pico y ya tienen su gusano. Por eso se dice en el refrán popular: «cría cuervos y te sacarán los ojos».

Así los hijos de cristal:

«*Maaaaaa, tengo calor*».

«*Paaaaa, tengo frío*».

«*Tengo sueño,
tengo hambre,
tengo aburrimiento,
tengo sed,
tengo antojo,
quiero mi iPad,
quiero dulces,
quiero dormir,
quiero jugar,*

quiero,

quiero,

quiero,

tengo,

tengo,

tengo...».

Así, la mayoría de las «urgencias» de los cuervitos o hijos de cristal cuando van en primaria o preescolar, las resuelves en un Oxxo, (que, además, como crecen como hongos, hay uno en cada esquina, literal).

Y en serio, fácilmente puedes resolver las demandas o necesidades de tus hijos, esas *Oxxo-emergencias* y ya padrísimo, increíble, todos tranquilos, o como dicen los gringos, todos *OK* (que, como dato cultural, es una expresión de la 2ª Guerra Mundial que significa: «0 Killed», o sea, «Cero muertos» y por ello OK).

¿Pero qué pasa cuando los hijos de cristal empiezan a crecer? ¿Qué pasa cuando ya las necesidades son más grandes? ¿Qué pasa cuando les estés hablando de que se murió su abuela o de que se fue su mamá de la casa y se van a divorciar?

Cuando pasan estas u otras cosas fuertes, ¿cómo le vas a hacer con el algodón? ¿Cómo le pondrás algodones cuando lo corte la novia? O vas a ir con la mamá de la niña a decirle: *«Oye, mira lo que pasa es que tu hija cortó al mío y está súper triste, porfa, ¿invítamelo no?, para que hablen un ratito y se contenten, ¿sí?».* Y ante esto, la mamá, o sea, la que ya no será tu consuegra, te mirará con cara marciana porque esas cosas no vienen al caso.

En esas situaciones, por muy mamá o papá de algodón que seas, ya no te puedes meter en sus vidas. Entonces, ¿qué pasa con los hijos de cristal al entrar a la adolescencia? ¿Cuáles podrían ser las consecuencias reflejadas en los hijos detrás de esa crianza?

- Que sean depresivos. Las estadísticas del Instituto Nacional de Psiquiatría dicen que 19 % de los jóvenes actuales lo son.
- Que puedan tener tendencias suicidas, y no es una cosa pequeña porque el suicidio es ya la primera causa de muerte en niños, niñas y jóvenes. Cuando hago la pregunta donde les pido que cierren los ojos y digo: «*¿Has pensado en morirte?*», la mitad levantan la mano.
- Que se conviertan en bulleadores que creen que la violencia está bien. De acuerdo a la OCDE el 40 % de los alumnos de secundaria sufren *bullying* (violencia sistemática que desacredita o inlcuso violenta físicamente a alguien).
- Que sean crueles, que digan cosas a la gente y a sus papás fuera de todo contexto y sin compasión: «¡Ay! es que solo le dije que qué horrible está».
- Que digan cosas fuertísimas, entre ellas, palabras como bipolar, anoréxica, me suicido, lo mato, engendro, pirado del cerebro... como si nada tuvieran de peso esas palabras; o que vean a 2 amigas abrazadas y digan: «*Son novias, se gustan...*» con el afán de molestar.
- Que haya un aumento alarmante de *bullying* sexual, desde faltas de respeto como abrir la puerta del baño, dar una nalgada, mandar pornografía a los chats del salón, y todo lo vean normalizado.
- Que se dé una tendencia a la adicción a la pornografía, de lo cuál cabe mencionar dos cosas:

– la primer fuente de pornografía de un niño de menos de 7 años es el celular de quién los cuida: mamá, papá, abuelo o tío que almacenan o tienen en chats esas imagenes.

– Y en un niño de más de 7 años, lo ha visto en su iPad, en su computadora, en su celular; porque los papás han minimizado o visto como dar un juguete el facilitar un celular o dispositivo, sin pensar que es como darles un arma en la mano, pues pueden ver todo y provocar que su mente se ensucie y lastime para siempre...

• Que se vuelvan crueles, sin muestra de remordimiento: «Pues es la verdad».

• Antipáticos, porque les dices ¡hola! Y contestan con gruñidos entre dientes: *«hhll»*, o sea, no hablan, no verbalizan un *«¡hola, ¿cómo estás?».*

• Inseguros, pues al final su falta de conexión es una coraza para cubrir la inseguridad que sienten.

• Egoístas, tipo *«¿yo sacrificar algo?, ¡no!»*, bueno, ni la película del sábado la quieren compartir con sus hermanos o la música del coche.

• Mega mal hablados, lo cuál es violencia verbal y no una simple moda como hay personas que lo quieren hacer ver.

• Intolerantes al NO. *«¿A poco existe la palabra en el diccionario? ¿A poco alguien me puede decir que no? No estoy de acuerdo...».*

Siendo esta la realidad de las carácterísticas que están desarrollando los niños de cristal, y sabiendo lo difícil que se les está presentando la vida y lo complicado que es para los maestros guiarlos y formarlos, y el bajísimo compromiso que presentan estos jóvenes en los trabajos, sus papás de algodón siguen justi-ficando lo injustificable y todo siempre es culpa de alguien más.

Me dicen: «*bueno, sí les di celular, pero tú lo sabes, es que me juró, me prometió que no iba a tener redes sociales y yo creo en mis hijos...*». Ajá, tú también cuando ibas a las tardeadas le jurabas a tu mamá que no te habías tomado ninguna cuba de vitrolero ¿y lo hacías?, sí, ¿verdad? Pues todos de niños y jóvenes hicimos travesuritas o travesurotas y por miedo a las consecuencias, ¡MENTÍAMOS! Es normal, es parte de crecer, y no es que esté bien, pero son etapas que, al ir madurando, se superan.

Peligros del celular inteligente o «smart phone»

Como mencionaba, algunos padres han minimizado el peligro que implica tener conexión a Internet y el dispositivo disponi-ble en cualquier momento para acceder a ellos. Así, en 1º o 2º de primaria es cuando, en promedio, 20 de cada 10 padres dan celular de regalo; en 3º o 4º ya el 40 % tiene dispositivo; en 5º y 6º, 80 % lo tienen a su disposición. Me dirás, no todo el mundo tiene el nivel económico para dar teléfono... y yo te recomiendo que te des una vuelta por las escuelas públicas para que veas que sí lo tienen y que esto no es de dinero sino de consentimiento.

Por supuesto que no es lo mismo para un empresario sacar su American Express y pagar un iPhone 15, que para una per-sona sencilla pagar un celular inteligente más sencillo a pagos, pero ambos se los dan. Y el tema no es el precio sino la conse-cuencia de hacerlo, pues somos la primera generación de padres en la historia de la humanidad que estamos corrompiendo a nuestros propios hijos dándoles dispositivos que no pueden usar, pues el lóbulo frontal, de acuerdo a lo que dice en sus in-vestigaciones Jean Piaget, los niños lo empiezan a madurar a los 13 años, y por qué tú esperarías que tu hijo de 7 años tenga el discernimiento de: «*Ay no, este es un sitio malo, déjame lo censuro y lo bloqueo*».

Entonces ¡cuidado con los celulares inteligentes! Porque no hacen más inteligentes a nuestros hijos, sino que los pueden corromper de todo a todo.

Peligros del egoismo

Tener hermanos es un regalo del cielo, ellos hacen posible que vivas tu historia acompañado, te enseñan a compartir, a tener paciencia, a tomar turnos, a jugar; son unos verdaderos maestros de vida.

Pero cada vez hay un mayor número de hermanos que pelean horrible, incluso se odian, se envidian, se critican, se hacen daño y están en constante enemistad. Lo peor del caso es que son sus padres de algodón los que han generado esa mala convivencia. ¿Cómo? Pues dando siempre la razón o justificando a uno o a otro defendiendo lo indefendible y generando sentimientos de injusticia al no hacer sanciones a las faltas que cometen los hermanos.

Cuando no se aprende a compartir entre hermanos, cuando no se aprende a negociar, por ejemplo, qué película verán, y siempre es «la que *yo* quiera, como *yo* quiera», la oportunidad de saber compartir y ceder se inhabilita.

Por favor, por el bien de tu familia ¡no formes hijos egoístas! Cuando son pequeños, no les compres a cada uno un iPad, unos airpods, un celular, una tele personal… compra uno para todos y ¡qué compartan! Si vas en el coche en carretera pues que vean todos la misma película, que escuchen todos la misma música y platiquen de los mismos temas porque así se construye el pilar de la convivencia familiar.

Peligro del uso de groserías y lenguaje soez

Tengo en coaching a muchísimos, muchísimos niños y niñas que están muy heridos por sus padres por cosas tan simples como esta que me dijo un pequeño llorando, sofocado frente a su mamá: «*O sea, tire un día el agua en la mesa, entonces mi mamá me dijo ¡p&ndjo! y luego me dio un zape*». Y lo que me decía con tristeza y con el corazón roto, era cómo se había sentido con la grosería que le dijo su mamá.

Las palabras rompen, dañan, lastiman, derrumban, empobrecen, desvinculan, fragmentan, despedazan, rasgan, desmigajan, quiebran, agrietan, cuartean y matan las relaciones entre las personas, y más si esas palabras te las dice tu mamá o tu papá.

Por ello, lo único que yo te pido después de leer este libro, es que ojalá sea tu compromiso no hablar con groserías ni a tus hijos ni hacia tus hijos ni enfrente de tus hijos. Pues te prometo que con ese único compromiso vas a notar un cambio positivo de tus hijos hacia ti.

Maldecir, es decir mal. Las groserías están prohibidas porque son palabras que lastiman a tu pareja, a tus hijos, a tu amiga, a tus padres, pues cuando les dices enojado una palabra «prohibida», es decir, una grosería, puede romperse una amistad, una relación, un trabajo, un contrato para siempre.

Cuando doy talleres o conferencias en las escuelas a los niños, hacemos «el ejercicio de las palabras», donde escriben una palabra en un papel y luego toman el papel de alguien más y le escriben lo que significa para ellos esa palabra que leen ahí y lo devuelven a su dueño. Una vez que tienen su palabra de regreso, con las palabras que pusieron junto a ella las otras personas, les pregunto: «*¿Cómo te sientes cuando recibes esas palabras?*». *Y todos dicen: «Padrísimo, genial, increíble, súper, motivada, bien…»*. Pues entonces, hay que usar las palabras bonitas hacia los demás, pues son un oasis de aliento. Usemos las palabras a nuestro favor, porque estamos rompiendo a nuestros hijos por las palabras mal usadas.

Con respecto al lenguaje soez, vulgar, prosaico y sexoso, por favor bloquea en sus dispositivos la función de *EXPLICIT LANGUAGE* de las aplicaciones como YouTube, Spotify, Apple Music… Es muy sencillo: vas a ajustes / configuración y restringes el contenido para evitar que tus hijos repitan estas palabrotas (puedes buscar múltiples guías paso a paso en YouTube). Entre los peores cantantes que hacen corrupción auditiva y que millones de niños y jóvenes se aprenden y cantan como himnos, se encuentran: Maluma, Peso Pluma, Bad Bunny, Lil Wayne, Snoop Doggy Dog, Jay Z, 2Pac, DMX, Eminem, Rick Ross y Busta Rhymes.

¡Ten cuidado! Porque la corrupción que dan estos cantantes es muy sutil y proporcionan muchísimos conceptos que ni siquiera te imaginas que existen en cuanto a temas de sexo y promiscuidad.

Peligro del síndrome «odio/odiar»

Hay una tendencia en el ambiente, tanto de niños, niñas y jóvenes, como de adultos, por utilizar la palabra «odiar», y odio significa, de acuerdo a la Real Academia Española: «Sentimiento profundo e intenso de repulsa hacia alguien que provoca el deseo de producirle un daño o de que le ocurra alguna desgracia; y otra: Aversión o repugnancia violenta hacia una cosa que provoca su rechazo».

Es decir, el odio es una invitación a hacerle mal a alguien pues el desagrado se eleva a nivel VIOLENCIA. ¿Imaginas esto llevado a la práctica? Es como el joven de 14 años en Coahuila, quien, en octubre del 2023, como odiaba a su maestra, la acuchilló… dicen que lo trataba mal, pero ¿esa es una razón para intentar matar?

Estoy segura que tu respuesta es NO, pero cuando hacemos un culto al odio, se fomenta la violencia y se introyectan sentimientos profundos de malos deseos y, como la mente es nuestro motor, la acción le puede seguir. Por ello, debemos de evitar que se siga propagando el síndrome de «odio/odiar».

¿Qué es el síndrome que llamo «odio/odiar»? Pues es esa manía generalizada de decir sistemáticamente:

- *«Odio levantarme».*
- *«Odio las mañanas».*
- *«Odio a la miss».*
- *«Odio a mi mamá».*
- *«Odio el uniforme».*
- *«Odio mi mochila».*
- *«Odio mi casa…».*

Y pongo todas estas afirmaciones entre comillas, porque en realidad no creo que la inmensa mayoría de la gente lo diga consciente ni en realidad se dé cuenta de todo lo que implica odiar, pero de tanto repetirlo, la mente se va programando, por lo que yo te pido: ¡quitémonoslo de la boca!

El odio es como un ácido, destruye. El odio nubla a la persona que lo siente, es una carga extremadamente dolorosa. El odio se contagia y termina eliminando a la nobleza. ¿Y por qué razón odiamos? Los humanos hemos aprendido desde la prehistoria a hacer alianzas para sobrevivir y quienes no están en la parte de nuestros afectos, terminan siendo la contraparte pensando que es válido rechazarlos. Así, el odio es una clase de miedo que tiene su origen en la **amígdala cerebral,** una zona profunda del cerebro que genera las emociones. Según la neurocientífica del MIT (EE. UU.) Rebecca Saxe, el odio es: «*La conjugación de una intensa aversión, desprecio y repugnancia hacia una persona o grupo de personas, donde la amenaza existencial entonces se vería erradicada con la destrucción de los semejantes que le dan miedo*».

El odio ocasiona cambios neuroquímicos y, eventualmente, nuestro cerebro es dominado por conductas de defensa y ataque, donde se hace una gran inversión de tiempo hacia la persona odiada, generando más dolor. Y se genera un círculo vicioso de odio y dolor.

Además, el odio se contagia por medio del impacto del discurso de incitación a este a través de la victimización de algo o de alguien invitando, mediante la **violencia** a unirse a esa causa para terminar con el mal que denuncian (violencia a las mujeres, abuso sexual infantil, abusos de otros países, robos, ultrajes, etc.) y, por lo general, aunque las causas de discurso del odio sean totalmente válidas, enardece a las personas y las pone en línea de guerra, contagiándose de unos a otros.

La diferencia entre el amor y el odio es que el amor se siente de forma personal y nadie te puede incitar a amar; mientras que al odio sí.

He aquí un ejemplo sobre el contagio del odio y el *no* contagio del amor:

Si yo ahorita te cuento que mi mamá es súper linda, que es la presidenta de las Damas Vicentinas que ayudan a la gente de escasos recursos y tienen un asilo, etc… tal vez vas a decir: «*ay qué bien tu mamá*», pero no por eso la vas a amar.

Pero si yo te digo: *«mi vecina, no sabes, diario su perro se hace pipi en mi puerta, ella se estaciona en mi lugar, enamoró a mi esposo...»* te empezará a bullir la sangre como se asienta en la afirmación anterior del MIT.

Hoy estamos en una peligrosa cultura de odio, por ello, te invito a quitar lo antes posible de tu vocabulario la palabra «odio» y con solo eso estarás ayudando muchísimo al mundo.

8

Consecuencias sociales y educativas

La primera y más obvia consecuencia social de los niños de cristal es el *bullying*, que es la violencia sistematizada y aceptada por medio de agresiones leves o severas contra una persona que se concibe como objetivo, ya sea por debilidad, por mala reputación, por «echarle montón» o por haber generado una campaña de desprestigio, cancelación y odio en su contra.

La segunda, es la fractura educativa que lleva a niveles graves la baja en el rendimiento y en la capacidad de aprendizaje de los niños, niñas y jóvenes actuales, quienes creen que la vida se las resolverá el Chat GPT y que no necesitan esforzarse, sin comprender que la capacidad de la inteligencia, que significa «elegir entre dos cosas», es lo que jamás podrá sustituir una máquina, ni al contacto, la empatía y la compasión.

Consecuencias sociales

El *bullying*, la irreverencia, las groserías, el maltrato entre jóvenes, la violencia escolar, las bromas pesadas, las humillaciones, los insultos, las faltas de respeto, la desarmonía es lo que representa a las consecuencias de los niños de cristal, quienes, al ser hipersensibles a cualquier cosa que no les gusta, pueden ejercer rechazo o violencia sistemática contra alguien que consideran los dañó o les hizo algo malo y, lo peor, es que en muchos casos, NO SIENTEN CULPA NI REMORDIMIENTO por hacerlo.

En el lenguaje de señas, el *bullying* se expresa al poner unos cuernitos en una mano y el dedo índice en la otra, representando al sujeto agredido. Así literal los cuernitos se balancean varias veces hacia la otra mano que representa al sujeto en señal de acoso constante. Siempre he dicho que para que sea *bullying* debe cumplir la regla de las 3C:

- Constante, es decir, sistemático.
- Contra alguien, un individuo agredido.
- Con intención, con pleno conocimiento de lo que se hace (justificado o no).

Así, los niños, niñas y jóvenes han tergiversado esta seña, pues de este mismo lenguaje de señas, sacaron el modismo «es de chill» que es agredir a alguien y luego poner unos cuernitos moviéndolos para decir que era una broma. Algunos YouTubers han popularizado el «estar de chill», que es «hablar de un plan en el que no se hace nada especial ni loco, pero que es entretenido». En conclusión el rollo «de chill» es hacer tonterías justificadas en ello.

Por lo que, cuando alguien hace algo malo y luego dice que «es de chill», la persona agredida no se puede enojar, pues «debería» comprender que es una broma, negando su derecho de enojarse. ¿Lo pueden creer?

Esta creciente moda no la podemos tolerar, por lo que sugiero a las escuelas que pasen dictado a mano a los alumnos de las 100 cosas que son *bullying,* númerando cada una de estas acciones y firmando de enterados. Este listado completo lo puedes encontrar en mi sitio www.trixiavalle.com, algunas de ellas son: pegar, patear, pegar chicles, insultar, subir fotos humillantes a la red... En el libro *Déjame en paz,* (Pax), vienen muchas reflexiones para hacernos pensar acerca de los acuerdos indebidos que se están haciendo entre niños y jóvenes, justificando y validando la violencia.

Pero también enfoquémonos en la parte propositiva de los temas, como la campaña que se llama «Ser buena onda está de moda», que es parte del Programa de Paz Efectiva, y está creando una comunidad sumada por el crecimiento «bonito» de nuestros alumnos. Y digo «bonito», porque la palabra bonito incluye muchísimas cosas para promover una gotita de amor desde preescolar hasta preparatoria.

Para vivir estas campañas y valores en casa, solo requieres hacer un dibujo. No tienes que ir a la papelería a imprimir, gastar tinta, nada... no, solo tienes que tomar una pluma y una hoja para hacer un dibujo en familia con el valor del mes y pegarlo con un imán en el refrigerador. Y, cuando cambie el mes, cambiar la hoja por el nuevo dibujo del nuevo valor, eso es todo.

También puedes leerles el cuento del programa o cualquier otro, pues hacerlo, crea un vínculo muy bonito con tus hijos. Por ejemplo, *El circo de Kaboom* (Timón), habla acerca de aprender a controlar los 5 defectos de carácter en las primeras edades que son:

- Enojo.
- Flojera.
- Miedo.

- Ser sentidos, ultra sentidos, cristalinos.
- Desobediencia.

Entonces, con estos materiales, lo que queremos es ir haciendo un entorno para que los alumnos crezcan «bonito» y erradicar el *bullying* al fomentar sus habilidades socioemocionales.

Y aquí, algunos datos duros sobre bullying:

- Preguntamos a 8500 alumnos de secundaria en una encuesta: *¿Por qué los acosadores hacen bullying?* Y la respuesta del 50 % fue: *«por falta de límites y atención de sus padres»* y, la segunda causa, con 19 %, *«porque juegan videojuegos violentos»*.
- En otra encuesta de Educación Millennial, plataforma de Educación socioemocional con más de 16,600 usuarios registrados, los datos dicen:
  - El 88.4 % de los más de 1000 encuestados dijeron que el *bullying* ha aumentado desde la pandemia.
  - 67.9 % dijo que los padres de familia tienen responsabilidad de terminar con el *bullying*.
  - 70 % dijo que lo más importante para erradicar el *bullying* es que los padres pongan límites y atención en educar.
  - 23.7 % dijo: *«Las escuelas son anarquías…».* (Y esta es la muestra más grande que hay actualmente porque son más de 1000 encuestados de diferentes partes de la república, así, esta respuesta es muy preocupante porque si un joven considera su escuela como una anarquía y piensa que ya no hay autoridad, lo siguiente que sigue son <u>revueltas juveniles</u>

como ahorita en 2023 en Argentina, donde los sa-
queos están a la orden del día).

- 83.2 % dijo que los videojuegos violentos aumen-
tan la violencia.
- 74.5 % dijo que ya es más bien violencia escolar, no
solo *bullying* y esto implica violencia de todos contra todos, por todo y para todo y con el argumento
de: *«así nos llevamos»*, normalizando el acoso.

La gran mayoría estaremos de acuerdo en que se ha normalizado la violencia, pero eso no significa que tú lo veas normal,
yo sé que no, pero que el mundo lo vea normal es una triste
realidad.

Consecuencias educativas

De acuerdo con Michel Desmurget, doctor en neurociencia y
director de investigación en el Instituto Nacional de la Salud y
la Investigación Médica de Francia, en su libro, *La fábrica de
cretinos digitales,* (Booket) deja muy clara su posición: «las pantallas, con uso recreativo, traen de todo menos beneficios», de
hecho, considera que el abuso actual de las pantallas por parte
de los niños es un problema de salud pública y por ello, dedicó
parte de su investigación a estudiar los efectos de la televisión,
videojuegos, redes sociales y smartphones en el cerebro de los
más pequeños.

Desmurget menciona también, que el coeficiente intelectual de los niños de hoy en día, de los nativos digitales, es menor que el de generaciones pasadas. ¿Qué está pasando? Pues
dice que el coeficiente intelectual depende de varios factores,
entre ellos, del sistema escolar o de la situación económica y

que, al mirar los datos de varios países de altas economías se nota una bajada muy significativa y la única variable que se ha modificado es el uso y abuso de pantallas.

Para evitar esta baja en el coeficiente intelectual, ¿cuánto tiempo deberían pasar los niños enfrente de las pantallas de acuerdo a Michel Desmurget? Nos dice que hay dos reglas:

- Cuanta más edad, mejor.
- Y cuanto menos tiempo, mejor también.

Y cito textualmente:

«Durante los primeros años de vida, el cerebro es muy vulnerable, por eso es importante ya saber hablar cuando empiezan a usar una pantalla. Antes de los cinco años, lo óptimo sería cero. Las academias de pediatría o la OMS, dicen que una hora como máximo. Pero si es menos, mejor. Después de los seis años estar con pantallas durante media hora al día no causa un impacto. Incluso diría, si fuésemos optimistas, una hora. Al superar estos límites, se empiezan a ver efectos en el desarrollo, en la atención, en el lenguaje, en el rendimiento académico, en la memoria o en el descanso. En cualquier caso, como padre yo diría que es una actividad que si hacen durante una hora al día como máximo no hay riesgos para el cerebro, siempre y cuando se complemente con actividades que ayuden a construir el intelecto como la lectura y el deporte».

Si no es así, el coeficiente intelectual está en riesgo de no seguir entrenando a la inteligencia, que viene de *intus* — «entre» y *legere* — «escoger»; y que hace referencia a quien sabe escoger. La inteligencia es la que nos permite seleccionar las mejores opciones para solucionar una cuestión, pero, si ya no tomamos las mínimas decisiones porque Waze te dice por dónde ir; Uber Eats te resuelve tu alimentación y el chat GPT te hace los trabajos; está atentándose directamente contra la inteligencia.

Así que, por favor, ¡no permitas que tus hijos se vuelvan tramposos y flojos! Porque eso va a repercutir en contra de ellos mismos y el día de mañana será tarde para recuperar esas neuronas que no se desarrollaron y esos conceptos que no aprendieron.

Por último, revisemos otra situación respecto al tema educativo de los niños de cristal, y esta es que se pierde el fondo por la forma y esto es muy delicado, porque créeme que todos los que están frente a un grupo, todos los maestros, tienen, en su mayoría, un enorme compromiso con los alumnos y se frustran al no poder enseñarles, pues se pierde el fondo, que es enseñar cosas, por la forma, que son los cuestionamientos de los padres de algodón sobre *«si es mucha tarea»* y cada cosa que no se la creen para desacreditarlos y cuestionarlos.

Una maestra de primaria baja, me decía muy triste en una escuela: *«yo ya no sé qué más hacer para inspirarlos, les ponemos las caritas, actividades, música, y no logramos motivarlos, todo parece que les da lo mismo».*

Aunque no son todos los niños, ni todos los casos, cada vez son más y es triste en verdad.

Como mencionaba, a veces se pierde el fondo por la forma y ¿a qué me refiero?, a que los maestros están ahí 200 días de clases enseñándoles, diciéndoles, teniéndoles paciencia y un día que llega el alumno tarde con los audífonos puestos y con actitud de flojera y la maestra le dice: «*¡si te puedes apurar y sentar en tu lugar!*», en un tono fuerte y firme para que la escuche con los audífonos, y, cuando llega a casa el alumno dice las palabras mágicas para volver a su mamá MOMSTER —que es cuando la furia la rebasa— que son: «*ma, me gritó la maestra*». Y la mamá, que por lo general está ocupada con otras cosas o en el teléfono, interrumpe su llamada y dice: «*Espérame comadre, ¡No, no, no, no... ¿te gritó? ¿cómo se atreve?!*», mientras toma el teléfono para decir a su comadre (con la que nunca cuelga aunque esté comiendo con sus hijos) y le dice que la llama después, es más pone **en modo avión** su teléfono ante esta TRAGEDIA. Comienza el interrogatorio: «*Hijito, dime la verdad, ¿siempre te grita?, ¿cómo en qué decibel?, ¿por qué gritó?, ¿hace cuánto tiempo que lleva haciéndote esto?*», y no deja ni contestar al hijo que como su mami ya está de su lado, omite que entra con audífonos, no trabaja y es grosero. ¡Ya para qué! Su mamá mordió perfecto el anzuelo.

A todos nos regañaban de cosas incorrectas y nos daba susto, pues ese era el chiste, que corrigiéramos pues era por nuestro bien y, más adelante, lo agradecíamos, pero hoy se pierde el fondo por la forma y parece que hay una guerra contra los maestros, incluso una maestra puso este post que te comparto:

Papá y mamá:

Tú me mandas a un niño con un moretón a la escuela, pero si yo te lo devuelvo accidentado, me pones una demanda...

Tú me mandas a un niño con situación cognitiva, pero si yo te lo mando al psicólogo, te enojas porque asumes que estoy diciendo que «es de lento aprendizaje»...

Tú me mandas a un niño sin modales, sin valores, sin reglas, pero cuando regresa a casa para contarte que le he llamado la atención y he intentado enseñarle, tú me juzgas de acosadora, injusta, entrometida y aprovechada...

Tú me mandas a un niño sin bañarse, sin lavar los dientes, pero si los amiguitos le hacen comentarios al respecto, tú me acusas de no estar al pendiente...

Tú me mandas a un niño con el corazón hecho pedazos, yo lo abrazo y trato de consolarlo, teniendo un nudo en la garganta por no poder hacer nada por él, y tú me acusas de hacerle tocamientos indebidos...

Tú me mandas a un niño con bebidas gaseosas o azucaradas y frituras en la lonchera, pero si tu hijo no aprende, me acusas de ser mala profesora...

Tú me juzgas todo el tiempo, igual que los veintitantos que recibo a diario...

¿Cuál sería la historia, si al igual que yo hago mi trabajo de MAESTRA, tú hicieras el tuyo de MAMÁ — PAPÁ?

La sociedad divulga y hace virales los comportamientos de algunos MAL llamados maestros, pero en general olvidan que, en la actualidad, se ha confundido el rol del maestro con el de una niñera y cada vez tenemos niños más solos, problemas más grandes y menos esperanzas...

Tomado de Jessica Hernández,
difundido abiertamente en redes sociales.

Espero que esto te haga reflexionar respecto al daño que están ocasionando a sus hijos y a la sociedad los papás de algodón, que además son injustos con quienes tratan de apoyar con un amor duro, un amor que forma y, de pronto, por un detallito desacreditan ¡todo un trabajo!, de verdad no saben lo que se siente esta enorme injusticia que cala el alma.

Hasta yo ya lo he sentido, como te decía, llevo 21 años de carrera, he impactado a millones de personas con mi labor, he ido a todo tipo de escuelas, pero nunca me había pasado lo que he vivido después de la pandemia, esa irreverencia, esa grosería, esos cuestionamientos feroces con tal de quitarte la razón al quererles dar un mensaje por su bien, todo eso va quitando, poco a poco, las ganas de enseñar. Y es que se le dio un poder descomunal a los niños y a los jóvenes sobre el de las autoridades.

Papás de algodón: ¡tengan cuidado! porque eso también les va a afectar en lo suyo, en su relación en casa. Por favor recuerda que el propósito de meter a tus hijos a una escuela es prepararlos para que sean niños de excelencia. Así que, da un voto de confianza a los maestros, apoya con la exigencia a tus hijos para hacer la tarea y para que estudien y deja de quejarte por todo.

Y, si de plano no quieres, puedes optar por que estudien en línea y en un solo examen, que cuesta $800 pesos, hagan la prepa completa, ¡imagínate lo que te vas a ahorrar! Pero si quieres excelencia, eso conlleva trabajo duro, preparación y disciplina. Y, cuando lo veas bajarse del estrado con su diploma y sabiendo que será uno de los jóvenes que van a ser los líderes en 10 o 15 años, sentirás el regalo del orgullo de saber que lo hiciste súper bien, que hacer la tarea mil veces, decir «*siéntate derecho*» otras dos mil y haber hecho todo lo que conlleva educar, rindió frutos. Te juro que paga bien, ¡paga súper bien!

Mientras que «el algodón» paga súper mal. Solo trae derrotas, carreras truncas, hijos a medias y vidas frustradas.

¡Piénsalo! Todavía tienes mucho por hacer.

Hijos de cristal BLINDADO.
La fórmula

Después de analizar todos los factores de los papás de algodón y los riesgos para los hijos de cristal, ahora veremos la fórmula —en 5 pasos— para poder crear hijos de cristal pero BLINDA-DO, que son esos hijos fuertes, independientes, autorregulados, seguros, amables, decentes y respetuosos.

Decentes: Hijos honrados y rectos, que no cometan acciones ilícitas, delictivas o moralmente reprobables. Al enseñar desde pequeños a decir la verdad, regresar las cosas que no les pertenecen y disculparse al cometer un error, generan *una forma de ser, decentes.*

Amables: Hijos que se comporten con agrado, educación y afecto hacia los demás. Cuando los hijos se acostumbran a saludar (no con un abrazo y beso necesariamente) y sonreír, abren la puerta hacia los demás, mientras que «enfuruñarse» y rezongar cuando se les pide decir ¡hola!, les cierra los vínculos sociales.

Autorregulados: Hijos con la capacidad de manejar sus emociones y comportamiento de acuerdo con las demandas de la situación. Cuando pueden parar de llorar porque se les cayó el helado y lo solucionan, cuando se controlan antes de insultar cuando se les niega algún permiso, cumplen con el don de detenerse a tiempo y pensar antes de actuar, que es el principio de la salud mental.

Fortaleza: Hijos que destaquen por sus conocimientos y habilidades, que logren ir superando los retos diarios de la vida, como entender que a veces les meterán gol o una niña bailará mejor en clase. Si logran ir sorteando los pequeños retos de la vida, serán fuertes para lo que venga más adelante.

Seguros: Hijos que engloben la protección fundamental de todos los aspectos de su vida, tanto a nivel físico y mental, como de sus bienes materiales o seres queridos. Que sepan que sus papás siempre los van a querer, a pesar de sus errores y que los ayudarán a enmendarlos, les dará la seguridad de poder resolver lo que sea que enfrenten posteriormente.

Independientes: Hijos que no guarden relación de dependencia con las cosas o personas, que puedan hacer las cosas por sí mismos. El lograr cosas como servirse agua (5 años), levantarse y vestirse solos (7 años) o poder manejar un coche acompañado de sus padres (16 años), son logros hacia su independencia que detonan autoestima pura.

Respetuosos: Hijos considerados y atentos que sepan tratar a las personas y a las cosas valorando sus cualidades, la situación o circunstancia que las determina y que sepan acatar lo que dice o establece para no causarle ofensa o perjuicio. Que puedan ver que algo es digno y que, por lo tanto, debe ser tolerado. Esto comienza con la suma de los elementos mencionados anteriormente:

- ser **decentes** al decir la verdad y disculparse
- los hace ser **amables**
- y genera **autorregulación**
- que deriva en **fortaleza** interior
- construyendo su **seguridad**
- y edificando su **independencia**
- al **respetar** a todos quienes sean respetables

Si logramos que estas características las desarrollen las generaciones que actualmente siguen en la escuela y que sean la constante, solo sigue mejorar. Así que hay mucha esperanza papás. (Recordemos que en la campana de Gaüss se muestra que ya vienen de regreso los valores y las buenas costumbres, pues ya tocamos el fondo del abismo).

El creador de la fórmula «Niños de cristal blindado»

Un día, me acompañó mi hijo Alex (8 años) a dar una conferencia en un auditorio enorme, con un escenario altísimo, ante como 1000 jóvenes. De pronto, mi hijo subió los escalones laterales del foro y me dijo: *«mami, quiero decirles algo»*. Yo, con el micrófono en la mano y a media conferencia, le dije *«adelante»* y me senté con él, nuestros pies colgando, en el borde del escenario.

Les dijo:

«Yo les quiero compartir que hace 3 años mi papá se fue a vivir a otra ciudad, y primero, me guardé todo lo que sentía,

así, me empezaron a salir unas ronchas en en el brazo y mi mamá me dijo que debía hablar de lo que sentía, pues esa urticaria era por un tema emocional y me enseñó a hablar de ello.

Y por fin, dije que estaba triste por mi papá e inventé una teoría. Y ahora les digo que, si ustedes quieren ser niños de «cristal blindado» sigan mi teoría de: «Los cuatro yo».

Está el «yo del pasado», que ese ya nunca va a cambiar. Yo no puedo hacer nada para que mi papá regrese.

Mi «yo del futuro», nunca sé cuándo va a venir mi papá o si va a venir a verme, pero ¿para qué me preocupo?

Está el «yo del mundo», el de los demás, pues al final nadie sabe lo que yo viví y por eso no importa lo que digan porque casi nunca es verdad.

Y el único que importa es el «yo del presente», porque solo puedo estar haciendo lo que estoy haciendo y estar disfrutando lo que estoy haciendo ahora».

La gente se paró para aplaudirle, se pusieron de pie, la mayoría llorando, sorprendidos porque un niño de esa edad tuviera esa fortaleza, y de verdad, no saben lo fuerte que se ha hecho ante la adversidad. Desde mi perspectiva, esto es gracias a Dios, porque eso es Dios, es la mano de Dios y por eso no te puedes soltar, pues si tú, como papá o mamá te sueltas es muy fácil que el mundo se lleve a tus hijos.

1. Primer paso para blindar a tus hijos

Este libro es el primer paso, pues quizás has reconocido muchas o algunas conductas que tienes y, el saberlo, reconocerlo, digerirlo y aceptarlo, es el primer paso hacia algo mejor.

Y ese mejor, no es para ti, es para tus hijos, pues como te dije a lo largo de los capítulos, el daño es para los hijos de cristal, quienes no sabrán enfrentarse a la vida y pueden desarrollar depresión, consumo de drogas o intentos suicidas, mejor no. Mejor educa ahora que puedes.

Vive el presente, pues vivir de cuestionarte «qué va a pasar mañana o estar pensando que va a estallar el mundo», no paga bien. Vivir del «qué dirán», paga pésimo. Te prometo que los rumores o críticas que la gente hace, sobre todo las otras mamás o papás, al tiempo son cero importantes y ellos son personas que tal vez nunca vuelvas a ver. Hace muchos años, cuando iban en kínder mis hijos, a mí me importaban muchísimo esos comentarios; el saber si les caía bien, regular o mal... y ahora sé que no era importante.

2. Segundo paso, toma una postura

Tú no puedes ser una veleta: hoy sí, mañana no, pasado quién sabe...

Por favor, toma una postura y síguela. Si estás separado de tu pareja, pónganse de acuerdo para evitar que no sea en una casa todo palomitas, chips fuego y celular; mientras en la otra casa sea todo reglas, comida sana y tareas. ¡Pónganse de acuerdo!

Ejemplo de testimonio real de pareja divorciada:

La convivencia de mi hijo con el papá es cada fin de semana, pero todo lo que avanzó se destruye en esos días, porque me lo trae la hora que quiere; porque, pues, no hay límites; porque a veces hace la tarea, a veces, no, no le importa que llegue tarde el domingo, que se caiga de sueño; etcétera, etcétera...

Entonces para a mí, la verdad, ya ha sido una convivencia bastante pesada y ahorita como él ya creció (tiene 12 años) pues ya sabes cómo se sienten los chavos de que, «pues a mí no me mandas», «no me controlas», etcétera, etcétera.

Entonces, no sé qué hacer, ¡no sé qué hacer!, porque por un lado me dice a cada rato: «me quiero ir a vivir ya con mi papá» pues está endiosado por su papá y su papá encantado. A mí me duele porque sé que allá no van a haber límites, ni nada.

¿Qué tanto estoy haciendo bien?, ¿qué tanto estoy haciendo mal como mamá?, ¿qué tengo que hacer? No sé, necesito ayuda de alguien más que me pueda orientar.

Es una historia recurrente, cotidiana y lamentable, pues esta *desestructura*, donde parece que ambos se están peleando por tener el cariño del hijo, los lastima aún más y, por supuesto, genera la ya tan mencionada «crianza de algodón».

¡Por favor, pónganse de acuerdo, perdónense!

3. Tercer paso, consolida el autogobierno

El autogobierno de los hijos es una estrategia que se hace poco a poco, con las pequeñas cosas desde que nacen, para que puedan desarrollar: **disciplina, respeto y amorosidad.**

Son esas tres cualidades las que los van a hacer ganar la medalla de oro en la vida real, en los encuentros deportivos, en las amistades, en el desarrollo de consciencia, en las habilidades para la vida, ¡en todo!

La **disciplina,** es el arte de no darte por vencido, pues nadie puede vencerte sino tú mismo, así que recuerda: «los que se rinden, nunca ganan; los que ganan, nunca se rinden».

Por ejemplo, si a tu hijo lo inscribiste en futbol, debe ser con el compromiso de entrenar al menos todo un ciclo escolar, pues debe saber que habrá días buenos y días malos de entrenamiento, partidos buenos y partidos malos, pero el único fracaso es rendirse.

El **respeto** a los demás, con las 4 palabras mágicas: *gracias, por favor, buenos días* y *disculpa* que no se le niegan a nadie. Es muy diferente que alguien «no sea de su bolita», a que tu hijo no salude a alguien porque no se lleva con esa persona.

Por ejemplo, si tu hijo se encuentra a alguien que lleva su mismo uniforme escolar, se esperará que le diga *«hola»*, aunque no lo conozca o no vaya en su salón. Es de su comunidad. Es un simple ¡hola! que los integra como sociedad, no tiene que ir y comprarle un chocolate, solo saludar.

Ser **amoroso** con los demás, pues los niños que son amables siempre van a caber en todos lados. Siempre es mejor tratar bien a los demás, que tratarlos mal. Parece obvio, pero para muchos no lo es. Y, a veces, sucede que si alguien te trata mal y tú lo tratas bien, esa persona cambia en automático.

Por ejemplo, cuando yo, Trixia, me cambié de escuela (pues sufrí *bullying* toda la primaria), llegué enojada y mal encarada, y hasta grosera a la nueva escuela. Tenía miedo de vivir lo mismo, así que empecé a contestar feo a mis nuevas compañeras, hasta que una me dijo: «*¿Quieres jugar resorte? Ya no estés enojada, sea lo que sea que te haya pasado, ya pasó*». WOW. Sus palabras cambiaron toda mi vida.

4. Cuarto paso, el amor duro

El amor duro, es el amor que dice las verdades, es el amor que no les va a estar condescendiendo cosas que no vienen al caso, el amor duro educa, forma, da seguridad y enseña a confiar. Amor duro es cuando alguien te dice que tienes «algo» en la nariz con el fin de que nadie se burle de ti o que te dice la verdad cuando te estás portando mal con alguien.

Ese es el amor duro.

Es el equivalente a cuando vas en una carretera toda horrible, toda mal pintada y entonces vas viendo dónde está el próximo bache, es que ya no pintaron aquí, hay ahora un tope que casi rompe tu coche al volarlo. En ese tipo de carreteras vas inseguro. Pero cuando vas en la autopista súper bien trazada, pintada, sin hoyos, vas seguro, más rápido, más tendido, sabes que no va a haber un hoyo, una llanta a la mitad que te haga voltearte, vas confiado y vas agarrado de tu seguridad.

Pues eso son los límites para tus hijos.

¿Nunca has oído a tus hijos cuando dicen: *«no, es que mi mamá me mata»?* Generalmente lo dicen con ese amor, amor que saben que les tienes.

5. Quinto paso, solo quien se siente amado puede ser educado

Lo último que te quiero decir, es que cuando tú le das todo a tus hijos, todo, así como así, y no los regañas nunca, ellos sienten que no te importan y tu resultado es al revés de lo que era tu intención.

Seguramente tú lo hiciste porque quieres ser bien bueno y bien buena onda, pero el problema es que ellos lo interpretan como: *«a mis papás no les importo».*

Entonces solo quien se siente amado, puede ser educado; y solo quien esté educado, puede caber en todos lados.

¡Llévate esa frase, pégala en tu refrigerador!

Solo quien se siente amado puede ser educado. Tus hijos saben que tú los amas cuando los regañas. Y, porque los amas, es que estás al pendiente. Porque te importan. Mas cuando ellos sienten que constantemente estás en el teléfono y aunque les digas: *«me estoy poniendo de acuerdo de lo de tu partido, o sea permíteme 3 segundos por favor»*, sienten que, aunque sean sus cosas, no tienes un minuto para ellos.

Justo esta historia a continuación te la cuento para terminar el libro:

Hija: *«Mamá, es que quiero hablar contigo, quiero hablar contigo, por favor».*

Mamá: *«Sí dime…».*

Hija: *«Mamá, es que no sé cómo decirte, es que me siento mal y no sé qué me pasa… y es que bueno mejor nada…* (pausa)*… bueno mejor sí te digo…».*

—Suena el teléfono—.

Mamá: *«Dame dos segundos, es que estoy viendo lo de una cosa muy importante con tu tía».*

Hija: *«¡Nunca nadie me hace caso en esta casa, nadie me hace caso, siempre es lo mismo! ¡Ahhhhh!».*

—Se va corriendo a su cuarto y da un portazo y se encierra—.

—Unos minutos después la mamá cuelga—.

Mamá: «*Mi amor, ya colgué… quiero hablar contigo, ay porfa, abre mi amor, solo fueron 5 minutos*».

Hija: «*¡Ya no quiero hablar contigo! Ya, ya olvídalo. ¡Olvídalo!*».

—Dos años después su hija se intentó cortar las venas y está en el hospital muy grave—.

Mamá: (Llorando) «*Mi amor, ¿cómo llegamos a este punto? ¿Qué pasó para que llegáramos hasta aquí?*».

Hija: «*Te acuerdas de ese día que yo te dije que quería hablar contigo y que tú estabas muy ocupada para escuchar… pues ese día te quería decir que me estaba cortando, que me siento muy triste de cómo te llevas con mi papá y que ya no puedo soportar cómo se pelean, que siento que nadie me escucha y por eso ya no quiero vivir*».

Sé que es un ejemplo muy extremo, muy duro, pero créanme, pasa. Y necesito llamar su atención. Necesito que lo reflexionen, pues esto pasa más de lo que quisieramos, pues el suicidio es hoy la primera causa de muerte entre niños y jóvenes de entre 9 y 26 años, de acuerdo al Instituto Nacional de Psiquiatría.

Por favor, antes de tomar cualquier llamada de celular, o poner su atención en otro lado o en otras actividades, cuando un hijo te dice: **«quiero hablar contigo»**, tómatelo muy en serio, tómatelo muy a pecho, porque cuando te dice que quiere hablar contigo es real, **quiere hablar contigo, necesita hablar contigo.**

Y esa oportunidad si no se toma, se va.

Un grave problema con los niños y jóvenes es que, cuando se cierran, cuando no pueden expresarse por haber pedido el tiempo y que no se les da, se llenan aún más con resentimientos.

Un niño, un joven que se encierra en sí mismo, se destruye poco a poco por diferentes vías y lo mejor es siempre escuchar, conectar, apoyar y amar.

Mensaje final

Esa voz interior es la sabiduría que traemos «de fábrica» y que nos ayuda en situaciones fáciles y difíciles a poder salir adelante. Es ese llamado del interior que nos dicta cuándo estamos haciendo bien y cuándo estamos haciendo mal.

La voz interior nunca necesita quedar bien con nadie y no le importa «el qué dirán». La voz interior es el primer pensamiento que nos llega de algo cuando estamos tranquilos. Y ese es el diferenciador, pues estando enojados no escuchamos la voz interior, escuchamos al «ego» y el ego siempre quiere quedar bien y tener razón de todo, no le interesa el bien final, le interesa la imagen y, vivir de imagen, al final nos lastima.

El ego y la razón son quienes quieren mandar sobre todas las decisiones de nuestra vida y sus argumentos son, siempre, «yo sé». Mientras que, la profunda consciencia, no sabe, solo siente e intuye.

La era digital nos hace ir fácilmente con la masa crítica, con el «todos hacen, todos tienen» y esto es peligroso también. He escuchado en más de una ocasión a madres y padres decirme: *«sí, a mí también me molesta tal o cual cosa; o no estoy de acuerdo con X o Y, pero me quedo callado para no afectar al resto».*

Esta posición es lo que genera en los padres que se dejen llevar por la corriente y como resultado arrastren a sus hijos también.

Formar un criterio efectivo tiene *todo que ver* con leer, aprender, informarte y conocer sobre los temas de crianza, valores y educación para evaluar y, antes de actuar, pasar todo por el siguiente filtro:

- ¿Me siento bien con esto?
- ¿Es buena para mis hijos esta decisión, aunque de momento no les guste o funcione?
- ¿Realmente quiero educar así?

Con este filtro podemos ir dejando atrás la culpa, esa que es tan mala para educar y comenzar a formar seres que luchen sus batallas y cada vez sean más independientes sabiéndose gobernar a sí mismos.

Si tú piensas que el precio de educar es muy alto, prueba pagar la factura del arrepentimiento.

Recuerda:

1. Solo quien se siente amado puede ser educado.
2. Cuida las groserías, por favor quítalas de tu lenguaje, de tu idioma, de tu forma de llevarte, pues no te llevan a ningún lado.
3. Haz alianzas con los maestros de tus hijos, quienes, en la inmensa mayoría de los casos, solo quieren el bien de ellos.

Datos de contacto

www.trixiavalle.com

www.educacionmillennial.com

Síguela en:

IG/YouTube/FB/X/TikTok: @trixiavalle

Si quieres llevar el Programa de Paz efectiva o alguna de sus conferencias incluyendo: *Papás de algodón, hijos de cristal,* a tu escuela o comunidad envía un correo a hola@educacionmillennial.com o un WhatsApp a (+52) 56 3229 8074.